# 国鉄優等列車列伝 第1巻
# 寝台特急「さくら」「みずほ」

## 山田 亮 著

長崎駅2番線で発車を待つC60牽引の上り特急「さくら」。1960（昭和35）年6月改正時から「さくら」の博多〜長崎間牽引機はそれまでのC57に代わりC60となった。◎長崎本線　長崎　1963（昭和38）年10月18日　撮影：荒川好夫（RGG）

# .....Contents

富士川鉄橋を渡ったEF65 500番台牽引の上り特急「さくら」。左に東京起点148kmを示すキロポストが見える。画面右の松林が東海道五十三次を思わせる。
◎東海道本線　富士川〜富士　1975（昭和50）年2月
撮影：安田就視

# はじめに

　「さくら」は今では山陽・九州新幹線、新大阪（一部は広島）〜鹿児島中央（一部は熊本）間を直通する列車名であり、その速達形が「みずほ」である。東海道・山陽新幹線「ひかり」と「のぞみ」の関係と同じであるが、歴史的にはマイナーな名称である「みずほ」が伝統的愛称の「さくら」より上位になっている。

　「さくら」「みずほ」ともに東京〜九州間を走っていた寝台特急（ブルートレイン）の名で特に「さくら」は「富士」とともに日本初の列車愛称名で長い歴史があり、多くの人々に親しまれた。運転区間は戦前には東海道本線・山陽本線の東京〜下関間であったが、戦後は1959（昭和34）年から2005（平成17）年まで一貫して東京〜長崎間であり、佐世保発着の編成を連結していた時期もあった。戦後一時、東京〜大阪間の臨時特急の愛称でもあった。

　列車の歴史を語る場合、愛称名中心で取り上げるか、運転区間中心で取り上げるかの問題があるが、「さくら」については東京〜長崎間の時代が最も長く多くの人々の記憶に残っているため、「東京〜長崎間の特急」として取り上げることとする。しかし、日本最初の列車愛称であること、戦前においても関門連絡船を介して東京と長崎はじめ九州各地を結ぶ使命もあったことから東京〜長崎間の優等列車の歴史についても取り上げることとしたい。

　「みずほ」であるが、この列車は1961（昭和36）年から1994（平成6）年まで東京〜熊本間の列車として運転され、編成の一部が長崎へ直通した時期もあったことから「東京〜熊本間の特急」としてあわせて取り上げるものである。

　国鉄、JRを通じて「1列車」（いわゆる1レ）・上りは「2列車」がエースナンバーであり、日本の代表列車であることは言うまでもない。戦前の「富士」も「1列車」であり、戦後も1950（昭和25）年10月から「つばめ」が「1列車」となり、1960年6月の「つばめ」電車化まで続いた。「さくら」の列車番号は1961年10月から「1列車」（上りは2列車）となり1994年12月までその地位を守った。「1列車さくら」も名列車シリーズの第一弾にふさわしいと言えよう。

　なお、もうひとつの「1列車」は1958年10月登場の「はつかり」であり、1988年3月登場の「北斗星1号」である。この優等列車シリーズは今後も続々と刊行される。上野発の「1列車」も当然取り上げる予定である。ご期待願いたい。

2021年秋　山田 亮

# 第1章
## 東京・長崎を結んだ寝台列車の歴史

長崎を発車するDD51 729（鳥栖機関区）が牽引する上り特急「さくら」。長崎本線の電化は1976（昭和51）年7月で、撮影した前年夏には長崎駅構内に架線は張られておらず、すっきりした構内である。写真右後方は長崎駅の屋根、その左はニュー長崎ホテルで現在は高層化されホテルニュー長崎になっている。
◎長崎本線　長崎　1975（昭和50）年8月　撮影：山田 亮

# 01 明治大正時代の長崎への旅

## 01-1 長崎への鉄道開通

　九州最初の鉄道は1889（明治22）年12月11日、九州鉄道により建設された博多〜千歳川仮駅（筑後川北岸）間で、翌1890年3月1日に久留米まで延長され、博多〜久留米間が開通した。翌1891年4月に門司（現・門司港）まで開通し、同年7月には熊本まで開通した。これは熊本が師団司令部のある軍都だったことと関係している。

　九州西端の長崎県は半島部と玄界灘、東シナ海の島々からなっていて、半島部は山地が海岸まで迫り、リアス式海岸で陸上交通の障害となっていた。長崎は鎖国時代から外国に開かれた「窓」であり、近代造船発祥の地である。佐世保は天然の良港で1889年に旧海軍の佐世保鎮守府が開設され横須賀、呉とならぶ軍港となった。

　九州鉄道は長崎を目指し建設を進め、1891（明治24）年8月、鳥栖〜佐賀間が開通したが、それから先は険しい地形のため難工事で、1895年5月佐賀−柄崎（現・武雄温泉）間、1897年7月柄崎−早岐間が開通し、翌1898（明治31）年1月早岐〜佐世保間および早岐〜大村間が開通した。一方、長崎からも建設が進められ、1897年7月長崎（現・浦上）〜長与間が開通し、翌1898年（明治31）年11月27日には大村〜長崎（現・浦上）間が開通して長崎まで鉄道で結ばれたが、現在の佐世保線、大村線経由の大回りルートだった。この時点では山陽鉄道（後の山陽本線）は全線開通しておらず、三田尻（現・防府）までであり、東京、関西から九州へ行く場合は徳山〜門司間を汽船に乗る必要があった。当時の列車は乗り心地も悪く長時間乗れるものではなく、また夜行列車（特に3等車）の車内は薄暗く不安でもあり、東京から関西へ行く場合も懐（フトコロ）に余裕のある乗客は直通夜行ではなく区間列車を利用し、浜松、名古屋などで途中一泊した。東京から九州へ行く場合はさらに大阪、神戸で一泊して神戸から瀬戸内海航路の汽船で門司へ向かうのが一般的だったと考えられる。現在の長崎駅までの開通は1905（明治38）年4月5日である。

## 01-2 東海道・山陽本線直通列車の登場

　1901（明治34）年5月27日、山陽鉄道神戸〜馬関（1902年6月、下関と改称）間が全通し、九州鉄道との連絡のため関門連絡船が開設された。この改正で官鉄の京都まで乗り入れる京都〜馬関（下関）間に昼行の「最急行」列車（料金不要、洋食堂車連結）が登場し、官鉄の新橋〜神戸間夜行列車と接続した。この列車を利用した場合の新橋〜長崎間時刻は次の通りであるが、車中2泊の難航苦行である。

（下り）新橋発12:20 〜神戸着7:50、神戸発8:35（最
　　　　急行）馬関（下関）着21:10（関門連絡船）門司
　　　　発23:00 〜長崎（浦上）着8:05
（上り）長崎（浦上）発20:36 〜門司着6:05（関門連絡
　　　　船）馬関（下関）発8:05 〜神戸着20:50、神戸
　　　　発22:00 〜新橋着18:53

　ここでいう門司は1942（昭和17）年の関門トンネル開通時に門司港と改称され現在に至っている。

　1906（明治39）年3月31日、鉄道国有法が公布され、山陽鉄道、日本鉄道、甲武鉄道、関西鉄道、北海道炭礦鉄道、北海道鉄道、九州鉄道など全国17私鉄の買取（国有化）が決まり、同年10月から翌年10月にかけ次々と国有化された。山陽鉄道の国有化は1906年12月、九州鉄道の国有化は1907年7月である。

　国有化に先立ち、1906（明治39）年4月、日露戦争終結に伴い平常時の運行に戻すダイヤ改正が行われ、新橋〜神戸間急行列車のうち昼行1往復が1．2等だけの「最急行」列車となった。同時に新橋〜神戸間の夜行急行列車2往復（1．2等編成と3等編成が各1往復）も急行料金を徴収し、料金を必要とす

る急行列車の最初となった。山陽鉄道の列車とは京都または神戸で乗換えであった。この改正で新橋－下関間に直通列車1往復登場している。この列車はいわゆる二晩夜行で普通列車であるが1等寝台車と洋食堂車を連結し「直行列車」とされた。

翌1907（明治40）年3月、京都～下関間の昼行「最大急行」列車を新橋まで延長し、新橋～下関間の急行（5.6列車、1.2.3等）とし、1等寝台と洋食堂車を連結した。その列車の時刻と接続の長崎発着列車の時刻は次の通りだが、1等寝台に乗れる特権階級は別として、2等、3等の座席車での旅はまさに疲労困憊の旅で、下関か門司で一泊した人も多かっただろう。

（下り）新橋発15:30（急行5列車）大阪6:20/6:30～下関着20:25（関門連絡船）門司発23:30（277列車）長崎着7:34

（上り）長崎発22:05（278列車）門司着5:54（関門連絡船）下関発9:30（急行6列車）大阪23:27/23:35－新橋着14:35

# 01-3 特別急行列車の登場

1912（明治45）年6月15日、東海道・山陽本線のダイヤ改正が行われ、わが国初の特別急行列車（1.2等編成、後の「富士」）が新橋～下関間に登場した。この特別急行列車はそれまでの新橋～神戸間の1.2等最急行列車（昼行）を下関まで延長したもので東海道線内は昼行、山陽線内は夜行であった。この列車は関釜連絡船を介して、朝鮮総督府鉄道（鮮鉄）、南満州鉄道（満鉄）に連絡し、日本と当時の植民地朝鮮半島、日本の支配力が強まっていた満州（中国東北地方）を結び、さらにシベリア鉄道に連絡して日本とヨーロッパを結ぶ「亜欧連絡」国際輸送の使命もあわせ持っていた。その背景には日露戦争（1904～05年）の勝利、幕末の開国以来の懸案であった不平等条約の改正（1911年）など日本の国際的地位の向上があり、特急運転も「国威発揚」の意味合いがあった。1.2等だけの編成で3等は連結されず、1等は皇族、政府高官、高級軍人、訪日外国人など1等に乗ることが一種のステータスだった人々に限られ、2等は地主、商工業経営者、中堅官吏、将校クラスの軍人、財閥系大企業の中堅社員とその家族などが利用し、庶民は特急から締め出されていた。この改正で登場した1.2等特別急行列車の時刻と接続する門司～長崎間列車の時刻（1912年6月改正時）は次の通りだが、特別急行列車の出現で東京（新橋）～長崎間は一夜行（車中1泊）となった。

（下り）新橋発8:30（特別急行1列車）大阪20:25/20:33～下関着9:38（関門連絡船）門司発15:30（803列車）長崎着22:15（門司発10:20、長崎着19:15の列車があるが、1列車から接続せず）

（上り）長崎発9:00（214～224列車）門司着17:30（関門連絡船）下関発19:10（特別急行2列車）大阪8:22/8:28～新橋着20:25

この1912年6月改正時における新橋（1914年12月から東京）～下関間優等列車は1.2等特別急行1.2列車（所要約25時間）と1.2.3等車を連結した各等急行5.6列車（所要約28時間）の2往復で、5.6列車は東海道夜行、山陽昼行で1.2列車と時間帯が逆で、列車使命を補完する関係になっていた。

1919（大正8）年8月改正で急行5.6列車から3等車を分離し、東京～下関間3等急行3.4列車（和食堂車連結）が登場し1.2等急行5.6列車（1.2等寝台車、洋食堂車連結）と続行運転（セクショントレイン）とし、下りは3列車（東京発16:50）5列車（東京発17:20）、上りは6列車（下関発9:30）、4列車（下関発10:00）の順で、約30分間隔の続行運転で所要時間は両方とも約27時間30分だった。これは3等車の混雑緩和のためだが、当時の機関車牽引定数や構内有効長の関係で増結が困難であることから、2個列車に分割したものである。

## 01-4 斎藤茂太の長崎への旅

　精神科医師でエッセイストでもあった斎藤茂太（1916～2006）は幼少の頃の東京から長崎への旅をその著書「モタさんの汽車の旅」（1982、旺文社文庫）で回想している。

　斎藤茂太の父、斎藤茂吉（1882～1953）は1917（大正6）年春に長崎医専（現・長崎大学医学部）の精神科教授を命ぜられ東京から長崎へ赴任した。茂太は数え年4歳の1919（大正8）年11月に母に連れられて長崎の父のもとに行きしばらく過ごした。「長崎行きは私にとって生まれて初めての大旅行であった」「当時、最大急行と呼ばれた特急にはじめて乗ったのが、多分、私と汽車との最初のふれあいだと思うが、それがきっかけで、私は汽車にやみつきになり、以来、毎日汽車の絵ばかり書くようになった」「さて、長崎行きの最大急行という当時の豪華列車の中で、退屈でたまらず、家ではなかなか許してもらえなかったサイダーというものをたらふく飲んで腹をこわした記憶がある」

　茂太の列車に関する記憶はそれだけである。満3歳と8ヶ月であるから、おぼろげな記憶しかないのはやむを得ない。「最大急行」が当時の東京発下関行1.2等特別急行列車であることは言を待たない。

斎藤家のステータスから1等寝台に乗ったのではないだろうか。当時の1等寝台は個室（寝台定員4人のコンパートメント）と開放室（昼は窓を背にして座るロングシート、夜は進行方向に沿った2段式）があったが、昼でも薄暗く退屈だっただろう。展望車は1等客のためのサロンで走る社交場であり、母親同伴といえども幼児が入れる雰囲気ではなかっただろう。茂太が旅行した1919（大正8）年11月時点では特急1列車と九州内の接続が改善され門司～長崎間に急行11列車（門司発10:45、鳥栖まで鹿児島行急行1列車に併結）が運行され、東京発8:30は変わらないものの、長崎着は翌日17:10で早くなっている。上りは長崎発11:20の急行12列車（鳥栖から鹿児島発急行2列車に併結、門司着17:59）から特急2列車に接続し、東京着は翌日20:30である。

　茂太は長崎からの帰途、米国航路の豪華客船、東洋郵船春洋丸に横浜まで乗っている。1等船室で豪華な食事を楽しんだことだろう。斎藤茂太は鉄道だけでなく飛行機や船にも造詣が深いがその原点はこの旅行にあることは間違いない。筆者もそうであるが汽車好き、乗り物好きの原点は幼少の頃の家族での旅行という人は少なくない。

## 01-5 3等特別急行列車の登場

　「さくら」を語る上で戦前の3等特急「櫻」に触れなければならない。特急登場から約10年経過した1923（大正12）年7月1日にダイヤ改正が行われた。この改正は18900（後のC51）形蒸気機関車の登場や大津（現・膳所）～京都間短絡線の開通で線路条件が向上したことの反映であるが、初の3等特別急行列車が東京～下関間に登場した。これはそれまで優等旅客に限られていた特急列車を一般大衆に開放したことで社会史的にも重要な意義がある。第一次世界大戦中（1914～18年）の好景気で重工業や繊維産業に加えて金融、商社などが発展し俸給生活者すなわちサラリーマンが増加し中産階級が成立したことが背景にある。それまで東京～大阪間の昼行列車は1.2等特別急行列車だけで、3等客は夜行列車に乗らざるを得なかったが、3等特急の登場で3

等客も東海道の昼の旅が可能になった。1923（大正12）年7月改正時での1.2列車および3.4列車の時刻は次の通りで、接続する門司～長崎間列車についても記載する。

（下り）
（特急3列車、3等編成、和食堂車）東京発8:45～大阪19:50/20:00～下関着8:05
（特急1列車、1.2等編成、1.2等寝台車、洋食堂車）東京発9:30～大阪20:12/20:20～下関着8:30
（下関から関門連絡船に接続）門司発9:55（急行101列車、1.2.3等編成、洋食堂車）長崎着16:07。
（上り）
長崎発13:30（急行102列車、1.2.3等編成、洋食堂車）門司着19:40（門司から関門連絡船に接続）

（特急2列車、1.2等編成、1.2等寝台車、洋食堂車連結）下関発20:45〜大阪8:58/9:04〜東京着19:35（特急4列車、3等編成、和食堂車連結）下関発21:05〜大阪9:42/9:50〜東京着20:40

　さらに1.2列車および3.4列車は関釜連絡船（下関〜釜山間）に接続し、朝鮮半島、日本の勢力下にあった旧満州（中国東北地方）への連絡輸送も行い「国際列車」の使命も帯びていた。

　この改正で1.2等特急列車は大型客車に取替えられ面目を一新したが、3等特急3.4列車は従来の3等座席車と和食堂車、荷物車、郵便車で編成されていた。登場時の編成は各種資料では（←下関）オユフ−ホニ−ホニ−ホハフ−ホハ−ホハ−和食堂車ホワシ20890−ホハフ−ホハ−ホハフ（東京→）の10両編成となっている。「ホハ」は1912年に登場した鉄道院基本型中型客車ホハ12000系となるが、「最新の車両は東海道の優等列車から」の原則に従えば、1919（大正8）年登場の大型木造ボギー車ナハ22000系が使用された可能性が高いと考えられる。とはいえ背ずりは板張りでシートピッチは1300mmで極めて狭かった。1980年代まで運行されていた鋼体化客車オハ61系（背ずりは板張りでシートピッチ1335mm）とほぼ同じで「これが特急か」と言いたくなるような車内だった。

　この画期的ダイヤ改正から2か月後の同年9月1日11時58分、関東大震災が発生し東海道本線御殿場以東が不通となった。震災発生時、特急3列車は沼津駅停車中、1列車は岩波信号場付近通過中でああったが両列車とも約5時間30分遅れで下関まで運転された。運転再開は10月28日で、御殿場以東は徐行運転を行い運転時間が約2時間延長された。復旧工事の進展で所要時間は徐々に短縮されたが、改正前の運転時間に戻ったのは3年後の1926（大正15）年8月である。

　1925（大正14）年5月、3.4列車は3軸ボギー台車の特急用3等車スハ28400形（登場時はスハ29300形）、スハフ28800形（登場時はスハフ29500形）に置き換えられた。2人掛け座席（シートピッチ795mm）は進行方向に向いており、戦後の「つばめ」「はと」の専用客車スハ44、スハフ43（シートピッチ835mm）の原形であるが、方向転換のため1両ずつ転車台で転向する必要があった。これは、1.2列車が1923（大正12）年7月改正時から大型客車になったにもかかわらず、3.4列車が急行と変わらず見劣りしたため特急にふさわしい車両にするためであった。また高速走行のため従来の客車では動揺が激しく、優等客車と同様の3軸ボギー台車を採用し乗り心地を改善した。

　関東大震災の復旧工事も完成した1926（大正15）年8月改正で、下り列車はそれまでの3列車、1列車の順から1列車（東京発9:30）、3列車（東京発9:45）の順に改められた。1ヶ月後の同年9月13日午前3時28分、特急1列車が山陽本線安芸中野〜海田市間を進行中、豪雨で崩壊していた築堤に突っ込み、牽引機18900（C51）形が脱線、客車が大破し死者34名、負傷者39名をだす大惨事になったが、客車が木造車だったことが被害を大きくしたとされる。後続の3列車は無事であった。1列車は日本の代表列車だっただけに社会に与えた影響は大きく、客車の鋼製化の契機になった。

# 02 昭和戦前期の鉄道黄金時代

## 02-1 3等特急に「櫻」と命名

　1929（昭和4）年、世界大恐慌による不況で旅客は減少し、それまで「殿様商売」だった鉄道省としても対策を迫られ、旅客誘致のために特急列車に愛称をつけることになり一般から公募した。その結果は1位「富士」（1007票）、2位「燕」（882票）、3位「櫻」（834票）、4位「旭」576票、5位「隼」495票

の順で、以下は「鳩」「大和」「鷗」「千鳥」「疾風」「敷島」「菊」「梅」「稲妻」「宮島」「鳳」「東風」「雁」の順である。漢字なのは時代を反映している。1位の富士は3位の櫻とともに日本にふさわしい愛称で、代表列車たる特急の愛称となったのは順当なところで、同年9月15日のダイヤ改正時から1.2列車が「富士」、3.4列車が「櫻」と命名され、国鉄（鉄道省）における列車愛称の最初となった。同時に下り東京発が3列車（東京発9:45）、1列車（東京発10:00）の順になった。

2位の「つばめ」は速さの象徴ですでに計画されていた翌1930（昭和5）年登場の東京〜神戸間「超特急列車」の愛称となった。4位以下の愛称もその多くがその後の特急、急行の愛称に採用されている。

「かもめ」は1937（昭和12）年登場の東京〜神戸間特急に採用され、「はやぶさ」「はと」「おおとり」「はつかり」（雁→はつかり）は戦後の特急の愛称になった。4位「旭」（→あさひ）は戦後に仙台〜新潟間ディーゼル準急の愛称となり、1982（昭和57）年から2002（平成14）年まで上越新幹線の愛称になったが、新潟・山形県境の「朝日連峰」に由来しており、旭（朝の太陽）とは意味が違っている。「はやて」ははるか後年の2002年から東北新幹線の愛称となった。「大和」「ちどり」「宮島」も戦後の急行、準急の愛称になり、「梅」（→とびうめ）も1962（昭和37）年に登場した京都〜北九州間の修学旅行ディーゼル列車の愛称になった。

## 02-2 「富士」「櫻」を大幅にスピードアップ

1930（昭和5）年4月から「富士」「櫻」は鋼製客車に取替えられ、「櫻」の3等車はスハ33900形およびスハフ35250形に置き換えられ、進行方向に向いた2人掛け座席（シートピッチ790mm）も引き継がれた。これで特急列車は3等でも「前向きに座る」ことが確立したかに見えたが、翌1930（昭和5）年登場の「つばめ」の3等は向い合せ座席のスハ32600形（後のスハ32初期タイプ）となり後退した感は否めなかった。

1930（昭和5）年10月、画期的なダイヤ改正が行われ、東京〜神戸間に特急「つばめ」（当時の時刻表には燕と漢字で表記）が登場し、東京〜大阪間を8時間20分で結んだ。同時に東京〜下関間「富士」「櫻」も大幅にスピードアップされ東京〜大阪間（下り）の所要時間が「富士」が9時間05分（従来は10時間52分）、「櫻」が9時間09分（従来は10時間53分）となった。東京〜下関間（下り）では「富士」「櫻」がいずれも19時間50分（従来は富士が22時間45分、櫻が22時間40分）となり、約3時間スピードアップされた。これは自動連結器への取替え（1925年7月実施）、自動信号機の導入による安全性の向上、空気ブレーキの取付け（支線区限定車両を除いて1930年までに完了）、大型機関車（C51、C53、D50形など）の導入や線路改良の進展によるものである。

この改正時における「富士」「櫻」および鹿児島、長崎への連絡列車の時刻は次の通りである。

（下り）

（特急3列車「櫻」3等、和食堂車連結）東京12:45〜大阪21:54/22:00〜下関8:35/8:50（関門連絡船）門司9:05

（特急1列車「富士」1.2等、1.2等寝台車、洋食堂車連結）東京13:00〜大阪22:05/22:12〜下関8:50/9:05（関門連絡船）門司9:20

（九州内）門司9:40（急行1列車、1.2.3等、洋食堂車連結）鹿児島18:00

門司9:55（急行101列車、1.2.3等、洋食堂車連結）長崎15:32

（上り）

（九州内）

鹿児島10:45（急行2列車、1.2.3等、洋食堂車連結）門司19:15/19:30（関門連絡船）下関19:45

長崎14:00（急行102列車、1.2.3等、洋食堂車連結）門司19:30/19:45（関門連絡船）下関20:00

（特急4列車「櫻」3等、和食堂車連結）下関20:15〜大阪7:25/7:30〜東京16:40

（特急2列車「富士」1.2等、1.2等寝台車、洋食堂車連結）下関20:30〜大阪7:35/7:40〜東京着16:55

この改正時における「櫻」の編成は次の通りで9両編成である。

（←下関）カニ39500（カニ37）－スハ33900－スハ33900－スハ33900－スシ37740（スシ37）－スハ33900－スハフ35250－スハ33900－スハフ35250

（→　東京）

東京方の2両は京都～下関間。

　特筆すべきことは門司～長崎間急行101、102列車は長崎港から日本郵船長崎～上海間航路に接続していたことである。この航路は神戸～長崎～上海間「日華連絡船」で4日ごとに運行され、下りが神戸発11:00、長崎へは翌日9:00着13:00発、上海へは翌日（神戸出港から3日目）15:00着。神戸～上海間52時間（船中2泊）、長崎～上海間26時間（船中1泊）である。上りは上海発9:00、長崎へ翌日正午着17:00発、神戸着翌日（上海出港から3日目）15:00である。就航した長崎丸、上海丸は英国製の快速貨客船として知られていた。中国大陸の夏は暑くまさに灼熱地獄である。エアコンなどない時代であり、夏には上海在住の外交官や富裕層が上海航路を利用し雲仙に避暑に来ていた。雲仙には高級ホテルがあり避暑地として発展した理由はそこにある。

　長崎～長崎港間には貨物線が延びており、長崎発の上り急行102列車は上海発の日中連絡船入港日には長崎港発13:50分であった。

# 02-3　「富士」に3等車連結、「櫻」に2等車連結

　「富士」と「櫻」は同じ時間帯を走るセクショントレインで時間帯も同じで、接続する九州内の列車および関釜連絡船、朝鮮半島内の列車は同じであった。

　1931（昭和6）年6月から3等寝台車スハネ30000形（後のスハネ30）形が京都～下関間に1両連結され、1934（昭和9）年3月から全区間連結になった。

　1934年12月1日、丹那トンネル開通に伴う全国的ダイヤ改正が行われた。従来の御殿場線経由から丹那トンネル経由となって距離も短縮され、東京～沼津間が電気機関車牽引となった。同時に岩国～櫛ヶ浜間短絡線（現・岩徳線）、有明線（肥前山口～諫早間）が開通し距離も短縮された。この改正から肥前山口～早岐～諫早間は長崎本線から佐世保線に改称され、有明線が長崎本線となった。この1934年12月改正時の「富士」「櫻」および接続の九州内急行列車の時刻は次の通りである。「櫻」は鹿児島行急行および日豊本線鹿児島行（大分まで快速運転）に接続した。

（下り）

（特急3列車「櫻」2.3等、2.3等寝台車、和食堂車連結）東京13:30～大阪22:00/22:07～下関18:00/8:15（関門連絡船）門司8:30/8:50（急行3列車、2.3等、和食堂車連結）鹿児島16:55

（特急1列車「富士」1.2.3等、1.2.3等寝台車、洋食堂車連結）東京15:00～大阪23:22/23:27～下関9:30/9:45（関門連絡船）門司10:00/10:15（急行101列車、2.3等、和食堂車連結）長崎15:05

（上り）

長崎14:45（急行102列車、2.3等、和食堂車連結）門司19:40/20:00（関門連絡船）下関20:15/20:30（特急2列車「富士」1.2.3等、1.2.3等寝台車、洋食堂車連結）大阪6:50/6:55～東京15:25

鹿児島12:55（急行4列車、2.3等、和食堂車連結）門司21:05/21:30（関門連絡船）下関21:45/22:00（特急4列車「櫻」2.3等、2.3等寝台車、和食堂車連結）大阪7:55/8:00～東京16:40

この改正で東京～長崎間は24時間台となった。長崎発上り急行102列車は上海からの日中連絡船入港日には長崎港14:35発となっている。この改正における3.4列車「櫻」の編成は次の通り。（注）

（←下関）スニ―マロネ37350（マロネ37）－スロフ31050（オロフ32）－スシ37800（スシ37）－スハ33900－スハ33900－スハ33900－スハ33900－スハフ35250－スハネ30100（スハネ31）。

　1937年（昭和12）年7月、日中戦争（当時はシナ事変、日華事変といわれた）が勃発したが、それを契機に「櫻」の3等車は進行方向向き座席のスハ33900、スハフ35250形から向い合せ座席のスハ32800形（スハ32）、スハフ34400形（スハフ32）形となった。これは、準戦時体制になり下関において1両ずつ転向する煩雑さをなくすことと定員増を図るためとされる。なお、東京側では1929（昭和4）年の品鶴貨物線開通時に品川（山手貨物線）大崎（大崎支線）蛇窪信号場（品鶴貨物線）品川のルートが電化され、特急編成は電気機関車で転向作業を行っていた。スハ33900、スハフ35250形は傷病兵輸送のため、座席を撤去し車内を畳敷きにした「病客車」に改造された。

日中戦争は解決のめどが立たず泥沼化し戦死者も
でていたが、国内は準戦時体制による軍需景気で昭
和ヒトケタ代の不況を脱し経済活動は活発で、戦争
にも楽観的でのんびりムードが漂っていた。そのよ
うな時代背景のもと、東海道本線、山陽本線はビジ
ネス客や大陸連絡旅客が増加し、毎年のように急行
列車が増発された。

（注）鉄道ファン1979年5月号「特急物語さくら」、鉄道ピクトリア
ル1992年1月号「特急列車運転80年史」には「櫻」は1934年
12月改正時から3等車がスハ32800（スハ32）になったとの記
述があるが、「西尾克三郎ライカ鉄道写真全集№Ⅴ」（プレスア
イゼンバーン刊）に掲載された1937年1月撮影の「櫻」は明ら
かにスハ33900が連結されている。

## 02-4 関門トンネルの開通と「富士」の長崎延長

　1941（昭和16）年に入ると6月にはドイツとソ連
（現・ロシア）が開戦、8月には米国の対日資産凍結、
石油禁輸などの措置が取られ、「最悪の事態はまぬ
かれるのでは」との希望的観測もむなしく12月には
日米開戦となり、太平洋戦争（当時は大東亜戦争と
いわれた）に突入した。

　1942（昭和17）年11月15日、関門トンネル開通に
伴う全国ダイヤ改正が行われた。すでに日米開戦か
ら1年近く経過し、同年6月にはミッドウェイ海戦
で大きな敗北を喫し、日本は劣勢に傾いていたが、
兵員、兵器の移動などの軍事輸送、軍需産業関係の
貨物輸送、軍需工場への通勤輸送など国内の鉄道輸
送は戦時下であるが活況を呈していた。この改正で
は関門トンネルを通り特急「富士」が長崎へ延長さ
れたが、特急「櫻」は九州内急行と結び東京〜鹿児
島間の急行に格下げとなった。「富士」の長崎延長

は「東京〜長崎間列車」としては重要事項であるた
め掲載する。

（特急1列車「富士」）東京15:00〜大阪23:30/23:36
〜門司9:29/9:40〜長崎14:30
（急行2列車「富士」）長崎15:40〜門司20:34/20:45
〜大阪6:41/6:50〜東京15:25

　このダイヤはそれまでの東京〜下関間「富士」と
門司（関門トンネル開通後は門司港に改称）〜長崎間
急行列車を結んだもので、長崎から上海航路接続も
目的だった。上り2列車は日中連絡船入港日には長
崎港発15:30であった。長崎着14時30分ですぐに15
時40分に折り返すことは列車の遅延、車両の整備や
展望車の転向を考えると不可能で翌日折り返したと
考えられる。

# 03 戦中戦後の苦難から復興へ

## 03-1 戦時下の苦難

　関門トンネル開通に伴うダイヤ改正もつかの間、
翌1943（昭和18）に入ると戦局の悪化による船舶の
軍事輸送への転用、沿岸航路における米軍の潜水艦
攻撃の危険から、海上輸送の鉄道輸送への転移が始
まり貨物列車が増発され、それに伴い急行列車の削
減、区間短縮が行われた。同年7月にはそれまでの
特急が第一種急行、その他が第二種急行になり、「富

士」は第一種急行となった。この頃から急行券は列
車指定制となり軍務公用者、官公庁、軍需産業関係
者に優先発売になり、一般旅客への発売に制限が加
えられた。

　それもつかの間、同年10月、決戦ダイヤと称して
急行列車の削減、貨物列車の増発が実施された。当
時、数多く運行された兵員輸送の「軍用列車」は

敗戦時にダイヤ等が焼却され、その記録はまったく残っていないようであるが、当時を知る元国鉄幹部職員の話ではあらかじめ設定されている臨時貨物列車（予定臨）のダイヤで運行されたとのことである。この改正で「富士」は東京〜博多間に短縮されたが、長崎は重要都市であるため東京〜長崎間に第二種急行5.6列車が設定された。

（急行5列車）東京14:30〜大阪発1:20〜門司着13:30〜長崎19:50
（急行6列車）長崎10:00〜門司発16:10〜大阪発5:00〜東京15:51

　この列車は軍関係者からの強い要望で設定され、東京から軍都だった広島への往来が考慮され、大阪を深夜早朝に通過する優等列車は戦時下といえども異例であった。翌1944（昭和19）年4月、決戦非常措置要綱が実施され、第一種急行「富士」およびこの東京〜長崎間第二種急行5.6列車が廃止され、1等車、1.2等寝台車、食堂車が全廃された。混雑する3等車を尻目に特権階級向けに温存されていた1等車、寝台車、食堂車は戦時下において一般乗客の

怨嗟の的になっていたから、その廃止は遅きに失した感がある。同時に大幅な乗車制限が行われ、100kmを越える区間の乗車券は軍務、公務客優先に発売し、一般乗客は旅行証明書を提示した場合に限り発売することになった。

　さらに戦局は悪化し、各地で「玉砕」が相次いだ。同年10月にはさらに削減され急行列車は全国で8往復となった。本土空襲が始まった1945（昭和20）年3月以降、急行列車は東京〜下関間1往復だけとなり、軍務公用者に限り急行券が発売された。この列車は時刻表上では2等、3等の座席車だけであるが、当時のファンの証言では2等座席と2等寝台の合造車マロネロ37（後マロネロ38）がVIP（皇族、政府高官、高級軍人）用として連結されていた。それ以外に東京〜博多間普通列車1往復が東京〜九州間連絡列車として運行された。一般乗客はようやく入手した乗車券を手に長距離普通列車に乗り続けるしか方法がなかった。各地への空襲で鉄道輸送は寸断されたが、数日以内に復旧し輸送は続けられた。米軍は戦後の日本占領政策を考慮し、鉄橋、港湾など重要施設への攻撃を控えたとされている。

# 03-2 原子野への救援列車

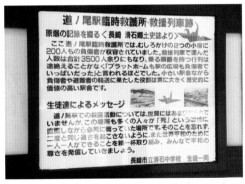

長崎本線道ノ尾駅は各種資料では1926（大正15）頃に建築とされているが、明らかにそれ以前の建築で明治時代の面影を残している。長崎への原爆投下時に救援列車が到着して臨時救護所となり、地元中学生による説明板が設置されている。
◎2018年8月　撮影：山田亮

　忘れてはならないのは1945（昭和20）年8月9日午前11時02分の長崎への原爆投下である。その時刻、C51形蒸気機関車に牽引された鳥栖発長崎行311列車（鳥栖6:40〜長崎11:10）は約15分遅れで、長与駅で原爆投下の閃光に遭遇した。ただちに救援列車の指令を受け、最徐行で道ノ尾駅まで運行し、そこ

で機関車を後部に付替え、さらに進み浦上川の手前500mの西町踏切付近で止まった。それ以上は進めなかった。機関車は汽笛を鳴らし続け、多くの被爆者が救援列車めがけて集まって来た。311列車は救援列車第一号として多くの被爆者を乗せ、諫早まで運んだ。その日は救援列車が4本運転され、2本目以

# 1939（昭和14）年11月の東海道本線時刻表

**（下り）東海道本線（東京→名古屋）**

十四年十一月十五日改正

要内鐵會販賣列車　國府津・熱海間……807、23列車　濱　松・三川間……28列車　靜　岡・稻崎間……37列車

| 粁程 | 驛名 | 列車番號 | 姬路行 735 | 姬路行 707 | 大垣行 737 | 大阪行 25 | 東京行 27 | 小田原行 801 | 姬路行 29 | 熱海行 803 | 京都行 31 | 沼津行 221 | 伊東行 805 | 大阪行 1011 | 伊東行 11 | 伊東行 223 | 大阪行 33 | 伊東行 807 | 湖西行 1009 |
|---|---|---|---|---|---|---|---|---|---|---|---|---|---|---|---|---|---|---|---|
| 0.0 | 東京 發 | | 7 35 | 7 09 | | 5 00 | | | 5 30 | | | 5 20 | 8 40 | | | | 9 15 | 8 07 | 10 20 |
| 1.9 | 新橋 | | | | | | | | | | | | | | | | 9 18 | 8 10 | 10 24 |
| 6.8 | 品川 | | | | | | | | | | | | | | | | 9 19 | 8 14 | 10 32 |
| 28.8 | 横濱 | | | | 5 36 | | | | | | | | 9 05 | | | | 9 49 | 8 40 | 10 54 |
| 46.5 | 大船 | | | | 5 43 | | | | | | | | | | | | | | |
| 51.1 | 藤澤 | | | | | | | | | | | | | | | | | | |
| 54.8 | 辻堂 | | | | | | | | | | | | | | | | | | |
| 63.8 | 茅ヶ崎 | | | | | | | | | | | | | | | | | | |
| 67.8 | 平塚 | | | | | | | | | | | | | | | | | | |
| 73.1 | 大磯 | | | | | | | | | | | | | | | | | | |
| 77.7 | 二宮 | | | | | | | | | | | | | | | | | | |
| 80.8 | 國府津 | | | | | | | | | | | | | | | | | | |
| 83.9 | 鴨宮 | | | | | | | | | | | | | | | | | | |
| 86.3 | 小田原 | | | | | | | | | | | | | | | | | | |
| 90.4 | 早川 | | | | | | | | | | | | | | | | | | |
| 95.4 | 根府川 | | | | | | | | | | | | | | | | | | |
| 99.1 | 眞鶴 | | | | | | | | | | | | | | | | | | |
| 104.6 | 湯河原 | | | | | | | | | | | | | | | | | | |
| 104.6 | 熱海 | | | | | | | | | | | | | | | | | | |
| 121.5 | 函南 | | | | | | | | | | | | | | | | | | |
| 126.2 | 三島 | | | | | | | | | | | | | | | | | | |
| 132.8 | 沼津 | | | | | | | | | | | | | | | | | | |
| 141.3 | 原 | | | | | | | | | | | | | | | | | | |
| 146.2 | 鈴川 | | | | | | | | | | | | | | | | | | |
| 149.7 | 富士 | | | | | | | | | | | | | | | | | | |
| 154.9 | 岩淵 | | | | | | | | | | | | | | | | | | |
| 158.4 | 蒲原 | | | | | | | | | | | | | | | | | | |
| 164.3 | 由比 | | | | | | | | | | | | | | | | | | |
| 166.7 | 興津 | | | | | | | | | | | | | | | | | | |
| 169.0 | 清水 | | | | | | | | | | | | | | | | | | |
| 174.2 | 靜岡 | | | | | | | | | | | | | | | | | | |
| 180.2 | 用宗 | | | | | | | | | | | | | | | | | | |
| 186.6 | 燒津 | | | | | | | | | | | | | | | | | | |
| 193.7 | 藤枝 | | | | | | | | | | | | | | | | | | |
| 200.3 | 島田 | | | | | | | | | | | | | | | | | | |
| 207.8 | 金谷 | | | | | | | | | | | | | | | | | | |
| 212.9 | 掛川 | | | | | | | | | | | | | | | | | | |
| 222.2 | 袋井 | | | | | | | | | | | | | | | | | | |
| 229.6 | 中泉 | | | | | | | | | | | | | | | | | | |
| 238.1 | 天龍川 | | | | | | | | | | | | | | | | | | |
| 245.9 | 濱松 | | | | | | | | | | | | | | | | | | |
| 252.7 | 高塚 | | | | | | | | | | | | | | | | | | |
| 257.1 | 舞坂 | | | | | | | | | | | | | | | | | | |
| 262.4 | 辨天島 | | | | | | | | | | | | | | | | | | |
| 267.5 | 新居町 | | | | | | | | | | | | | | | | | | |
| 269.8 | 鷲津 | | | | | | | | | | | | | | | | | | |
| 272.9 | 新所原 | | | | | | | | | | | | | | | | | | |
| 276.6 | 二川 | | | | | | | | | | | | | | | | | | |
| 282.4 | 豐橋 | | | | | | | | | | | | | | | | | | |
| 286.7 | 西小坂井 | | | | | | | | | | | | | | | | | | |
| 293.6 | 御油 | | | | | | | | | | | | | | | | | | |
| 302.1 | 蒲郡 | | | | | | | | | | | | | | | | | | |
| 308.3 | 三河三谷 | | | | | | | | | | | | | | | | | | |
| 310.6 | 幸田 | | | | | | | | | | | | | | | | | | |
| 318.5 | 岡崎 | | | | | | | | | | | | | | | | | | |
| 325.9 | 安城 | | | | | | | | | | | | | | | | | | |
| 333.7 | 刈谷 | | | | | | | | | | | | | | | | | | |
| 341.6 | 大高 | | | | | | | | | | | | | | | | | | |
| 346.5 | 笠寺 | | | | | | | | | | | | | | | | | | |
| 353.6 | 熱田 | | | | | | | | | | | | | | | | | | |
| 360.8 | 名古屋 著 | | | | | | | | | | | | | | | | | | |

距離欄末尾：366.0 / 613.6 / 656.4 / 689.5 / 644.3 / 1097.1

備考：京都（くわんさい）、神戸（もとまち）、下關（関門）

20〜22頁（五）／23、24頁（12）

（12）

1939（昭和14）年11月改正時の、ジャパン・ツーリスト・ビューロー発行の「汽車時間表」。当時、特急列車は東海道本線・山陽本線だけで「つばめ」「かもめ」「さくら」「富士」、および「不定期つばめ」が運転されていた。東京〜下関間の長距離鈍行列車も運転されていた。関門トンネル開通前で、「さくら」「富士」は下関行である。

14

間（下り）（其ノ一）（東海道本線）　特ニ示シタルモノ、他二・三等車　　**注意**　不ハ不定期列車ニテ春、夏及年末、年始ニ運轉致シマスガ御乗車ノ際ハ豫メ最寄驛ニ御問合セ下サイ

**下り　東海道本線（東京―名古屋）**

（この頁は東海道本線下り列車時刻表。多数の列車の発着時刻が掲載されている。）

（12）

東京～大阪間は特急でも８時間から８時間30分を要するため、東京～関西間の昼行列車は特急中心で急行は定期２本、不定期１本だけである。東京発10時30分の下関行急行は関門トンネル開通時に鹿児島行となり、戦後の「霧島」の源流となる列車である。

関門トンネルを通過して門司に到着する特急「富士」初列車。この日から「富士」は長崎行となった。同時に幡生〜門司間が
直流電化され、大里が門司に、門司が門司港に改称された。関門区間は旅客貨物ともにEF10が牽引した。
◎1942（昭和17）年11月15日撮影：朝日新聞社（下関要塞司令部検閲済み、鉄道省検閲済み写真）

降は大村、竹松、川棚、嬉野まで運んだ。当日に列車で運ばれた被爆者は2500人だという。(石井幸孝著「戦中戦後の鉄道」JTBキャンブックスによる)

道ノ尾駅は現在でも明治に建てられた木造駅舎の

ままで、救援列車が発着したことを示す地元中学生の手による掲示もある。長崎は原子爆弾の遺構が少なく、この駅舎は被爆当時の姿を今に伝える貴重な存在になっている。

# 03-3 敗戦直後の東京～長崎間の旅

列車史を取りあげた文献の多くは、急行○○列車は太平洋戦争末期に廃止され、戦後の昭和22、23年頃に復活と記載され、その間は何の記載もない場合が多い。だが、列車は敗戦の日もそれに続く日々も1日も休まず運転されていた。

元裁判官のエッセイストゆたかはじめ(本名、石田穣一、1928年3月生まれ)は1944(昭和19)年4月、旧制成蹊高等学校(成蹊大学の前身)に入学した。父親も裁判官で戦時中に長崎地方裁判所に赴任した関係で、戦争末期と敗戦直後、東京と長崎を何度も満員列車で往復した。氏の著書「汽車ポッポ判事の鉄道と戦争」(2015、弦書房)に当時の列車の状況が記されている。

「昭和20年の秋、私は終戦のあと初めて汽車に乗り、原爆の長崎に向かった。やっとの思いで切符を手に入れ東京駅のホームで待っていると、列車が入ってきた。ところが、何と客車は2両であとはみんな貨車である」「乗ったのはワムという記号を付けた黒い有蓋貨車である。屋根は付いているが、窓がまったくなく、電灯もない。大きな扉を閉めてしまうと真っ暗になるので、ちょっとだけ開けておく」「貨車だからそれはそれはガタンゴトンとこれで門司まで二昼夜35時間の長い旅をしたのである」「門司から先はようやく客車に乗れたが、これも通路まで一杯の混雑であった。長崎市に入ると様相は一変、道ノ尾から先はそれこそ見渡す限りの荒野になっていた」「長崎線の列車はすべて浦上駅止まりで長崎駅までは行けなかった」

昭和20年秋とあるが、敗戦1か月後の9月17、18日に襲った「枕崎台風」で特に広島県下に大きな被害が出て、山陽本線は約1ヶ月間不通になっている。「日本国有鉄道百年史第11巻」は次のように記す。「9月17日、台風により山陽・山陰地区が被害を受け(中略)一般旅客も含めて徳山以西に滞留した旅客は十数万人に達し、食糧補給はほとんど困難になっており、これが混乱をはなはだしくし、一部は瀬戸内海

の機帆船に頼ったといわれた。10月1日、約半月ぶりに一部徒歩連絡を含み輸送を再開したが、10月8、9日、豪雨のため山陽本線が不通になった」山陽本線の復旧は10月中旬だった。従って、この旅行は10月中旬以降ということになる。

この旅で長崎まで乗った列車を推定しよう。「ワム」に乗ったとあるが、幹線なのでボギー台車の「ワキ」であろう。「ワキ」が入った山陽本線の旅客列車が当時のファンによって撮影されている。門司まで二昼夜35時間とあるが、敗戦時の時刻を掲載した「時刻表」昭和20年1号には東京～下関、九州直通列車は東京発8:30の急行1列車下関行と東京発14:10の普通33列車博多行があるが、急行に「ワキ」が入っていたとは考えにくく、博多行普通33列車となるが、門司着は翌日20:25、博多着は翌日23:41である。当時、長距離列車は数時間遅れることが多かったので、翌日深夜に門司か博多に到着し、そこで夜明かしをしたのではないか。乗り継ぎ列車は門司発6:52、博多発9:12の佐世保行417列車で、肥前山口で長崎行317列車に乗り換え、長崎着14:56となる。長崎着は東京をでてから3日目の午後となる。また、次の二通りの乗り継ぎも考えられる。

(1)東京22:10(大阪行147列車)京都11:19/12:10(門司行225列車)門司6:20/6:52(佐世保行417列車)肥前山口11:42/11:56(長崎行317列車)長崎14:56
(2)東京22:40(大阪行149列車)京都12:18/16:00(門司行229列車)門司8:20/9:13(佐世保行419列車)鳥栖12:33/15:01(長崎行329列車)長崎19:23

当時は長距離列車の遅れが常態化しており、この通りに乗り継げたかはわからない。乗り継げなければ次の列車を待つしかなかった。さらに当時の汽車旅行の難点は食事だった。主食であるコメは配給制であり「旅行者用外食券」があればジャガイモやサツマイモ(代用食といった)とおかずの入った駅弁を

買えることになっていたが、買えないこと、そもそも売っていないことも多かった。そこで旅行者の多くは焼きむすび（日持ちするように焼いたおにぎり）あるいはふかしたサツマイモを持って旅行した。車内や駅の待合室で食べていると浮浪者（いわゆるホームレス）や戦災孤児の手が延びてきて、時には奪われることもあったという。もう一つの難点は「便所」である。列車を待つ行列から離れると荷物が盗られる恐れがあり、そのあたりで男女を問わず用を足した。駅には異臭が漂っていたという。超満員の列車内では便所はヤミ米買出し集団（買出し部隊といわれた）によって占拠され、ヤミ米が山と積まれていて使用不能で、女性乗客は「おしめ」をして乗った。

# 03-4 東京～長崎間列車の復活

1947（昭和22）年1月から4月まで、石炭を鉄鋼（製鉄所）に優先配分し、炭坑用の鋼材を増産して石炭の生産を増やす「傾斜生産政策」が実行されたため鉄道への配炭が極端に減らされたため、旅客列車が電化区間を除いて1日15万キロと制限された。主要幹線の旅客列車が東海道本線・山陽本線「直行」列車2往復（東京～博多間1往復、東京～門司間1往復）、他の幹線1往復程度になり、2等車の連結も停止され日本の鉄道史上最悪の暗黒時代となった。

同年4月24日、東海道本線・山陽本線「直行」列車2往復が急行となって東京～門司間に2往復復活し、同時に2等車の連結が再開された。うち1往復（1．4列車）は5月25日から博多まで延長された。同年6月時点の東京～長崎間乗り継ぎルートは次の通りである。

（下り）
（急行1列車）東京7:40～大阪19:16/19:30～博多12:18/13:47（429列車）肥前山口16:11/16:22（329列車）～長崎19:34
（急行5列車）東京18:30～大阪6:15/6:25～門司20:10/21:34（305列車、佐世保・大村線経由）長崎7:41
（上り）
長崎8:06（326列車）肥前山口11:05/11:21（426列車）博多13:48/16:14（急行4列車）大阪8:58/9:10～東京21:30
長崎22:00（304列車、大村・佐世保線経由）門司7:29/8:55（急行8列車）大阪22:26/22:34～東京10:35

東京～長崎間は36～39時間を要し、難航苦行の旅は変わらなかったが、復活した急行列車には戦後製造のオハ35系が優先的に使用され、「復興整備車」として窓ガラスが入り、座席や車内灯が整備されていた。

同年4月の急行復活と同時にいわゆる復員臨時列車（南風崎、早岐～東京、上野間など）が時刻表に掲載され、一般輸送力として活用されるようになった。復員船、引揚船が入港し復員引揚輸送のある時は一般旅客乗車制限となるが、ないときは一般旅客に開放することになり、ダイヤ上は毎日運転でも時刻表上では「臨時列車」と表示された。この列車の下りでは国内の炭鉱などに連行されていた朝鮮半島出身者など外国人労働者の帰国輸送を行ったが、その輸送のない時は一般乗客を乗せた。

翌1948（昭和23）年7月、戦後の本格的ダイヤ改正が行われ、急行、準急が増発された。それまでは戦争末期のダイヤをもとに削減、復活を繰り返していたが、新たにダイヤを引き直したものである。戦後における石炭の炭質低下や混雑による編成両数の増加を考慮しスピードダウンしたが、戦争末期から続いていた長距離乗車券の発売制限が全国的に解除され戦後の輸送難もようやく改善の方向に向かった。この改正で東京～長崎間に直通列車が4年ぶりに復活した。復活した列車は準急で時刻は次の通りである。

（準急2023列車）東京23:50～大阪13:09/13:30～門司6:20/6:50（佐世保・大村線経由）長崎14:09
（準急2024列車）長崎8:00（佐世保・大村線経由）門司15:11/15:25～大阪6:34/6:50～東京19:45

7月のダイヤ改正時は大阪～長崎間の運転で8月2日から全区間運転となったが、下りは二晩夜行で東京～長崎間38時間余りを要している。これで東京～九州間の急行、準急は3往復になった。

# 03-5 急行「雲仙」の登場

翌1949(昭和24)年9月15日改正では特急が東京〜大阪間に復活し「へいわ」と命名された。この改正で東京〜長崎間準急列車は急行となり時間帯も変更された。時刻は次の通りである。

(急行41列車)東京7:30〜大阪19:43/20:10〜門司9:10/9:56(佐世保・大村線経由)長崎17:33
(急行42列車)長崎11:45(佐世保・大村線経由)門司18:46/19:03〜大阪8:10/8:30〜東京20:30

この改正で京都〜博多間に夜行急行3.4列車が登場したが、同年12月1日からこの急行3.4列車が東京〜長崎間に延長され、それまでの41、42列車は東京〜博多間の急行になった。下り3列車は東京13:00〜大阪発23:45〜長崎19:08、上り4列車は長崎9:20〜大阪5:10〜東京16:00である。

国鉄の復興は目に見えて進み、翌1950(昭和25)年10月1日、ふたたびダイヤ改正が行われた。この改正で特急「つばめ」(同年1月に「へいわ」を改称)「はと」は東京〜大阪間8時間運転となり、戦前の水準に戻った。東京、大阪と各地を結ぶ急行列車もおおむね1934〜35年の水準に戻ったが、戦前と異なるのは、朝鮮半島、中国大陸との連絡輸送がなくなったことである。特急、急行にはリクライニングシートの特別2等車(特ロ)が連結され、簡易寝台の役割

もあり大企業、官公庁の役員、管理職などの出張族から大好評で迎えられた。

この改正で東京〜九州間急行列車は4往復となりスピードアップされた。そのうち東京〜長崎間急行列車の時刻は次の通りである。
(急行35列車)東京13:00〜大阪22:52/23:10〜門司10:50/11:02(佐世保・大村線経由)長崎17:05
(急行36列車)長崎12:30(佐世保・大村線経由)門司18:32/18:43〜大阪6:00/6:10〜東京16:23

同年11月には国鉄本庁(本社)で急行列車に愛称が付けられた。うち東京〜九州間急行列車には「阿蘇」(東京〜熊本間、筑豊本線経由)「霧島」(東京〜鹿児島間)「雲仙」(東京〜長崎間)「筑紫」(東京〜博多間)と命名された。「阿蘇」「霧島」「雲仙」は東京〜大阪間昼行運転で東京〜名古屋、関西間など東海道線内だけの乗客も多く、東京〜山陽、九州間、関西〜九州間の乗客も利用するまさに多目的急行であった。「筑紫」は東海道線内夜行、山陽線内昼行で、東京〜関西間の夜行利用客、関西〜山陽、九州間の昼行利用客が多かったはずだが、大阪からではなかなか座れないとの苦情もあったと思われる。1954(昭和29)年10月、急行「雲仙」は佐世保・大村線(早岐)経由から長崎本線(肥前鹿島)経由になり若干スピードアップされた。

# 03-6 臨時特急「さくら」

本稿は東京と長崎を結ぶ「さくら」を取り上げることが主眼であるが、「さくら」は戦後になってから東京〜大阪間の不定期特急として運転されたことがあるため、簡単に触れることにしたい。最初は1951(昭和26)年4月1日から5月30日まで東京〜大阪間に臨時特急として運転され、3等車と食堂車だけの大衆的編成であった。下りは「つばめ」の続行、上

りは「はと」に続行するセクショントレインであった。客車は向い合せ座席のオハ35、スハ42系を使用した。

特急3001列車「さくら」東京9:03〜大阪17:05
特急3004列車「さくら」大阪12:33〜東京20:35

# 03-7 特急「かもめ」の登場

1953(昭和28)年3月15日、第3の特急として京都〜博多間に「かもめ」が登場した。その3年前の

1951年春頃から山陽本線昼行特急の運転が検討された。1951年3月9日付交通新聞は次のように報じ

た。「軌道に乗る山陽特急、民間航空の動きに対抗、今秋には実現」「停車駅は神戸、姫路、岡山、広島、小郡、下関、門司で輸送局では今秋から実施したい意向である」1951年秋のスハ44系登場時には山陽特急の分も含めて製造され、特に緩急車スハフ43は明らかに山陽特急用であった。その頃、地元紙で山陽特急の編成の一部（特別2等車1両、3等車2両程度）を東海道線夜行急行に連結して東京まで運転することが検討されていると報道されたが実現しなかった。車両運用の複雑化やダイヤ混乱時の対応に難があるからであろう。だが、山陽特急はすぐに実現しなかった。1951年に繰り返された炭鉱ストライキの影響で「石炭危機」となり、国鉄も石炭確保のめどが立たなかったからとされるが、1950年に勃発した朝鮮戦争で、数多く運転された占領軍（米軍）の軍用列車（兵器および兵員輸送）の影響もあると筆者は考えている。

　結局、1953年3月から「かもめ」は登場したが、展望車はなく2.3等編成で「B級特急」の感はぬぐえなかった。この際、東京直通特急が山陽、九州地区から強く要望されたが大阪を有効時間帯に入れての

特急設定は困難で実現しなかった。

　「かもめ」は京都側では京都〜梅小路〜丹波口間の三角線で、博多側では吉塚〜（勝田線）〜志免〜（短絡線）〜酒殿〜（香椎線）〜香椎の三角線で転向を行ったが、博多側の転向作業は1時間43分を要していた。鉄道ファン1976年5月号「つばめの客車よ！さよなら、スハ44系客車小史」によると、門司鉄道管理局（門鉄局）ではこの転向作業をなくすため、「かもめ」スハ44系の回転クロスシート化を本社に提案し、1957年6月、スハ44の回転クロス化後はふたたび「かもめ」に戻すことを条件にスハ44系を手放したという。そのかわりに急行用固定クロスシートの軽量客車ナハ11、ナハフ11が「かもめ」に投入され、博多方1号車は鋼体化客車オハニ36となった。ところが、「かもめ」のスハ44系は同年夏から東京〜大阪間の不定期特急「さくら」に投入され「かもめ」にスハ44系が戻ることはなかった。当時の国鉄本社の地方軽視、東京優先、東海道優先体質を垣間見る思いである。「かもめ」は1961年10月のディーゼル特急化まで3等車は向い合せ座席の特急らしからぬ特急となってしまった。

# 03-8 不定期特急「さくら」

　1951（昭和26）年春に東京〜大阪間に運転された臨時特急「さくら」は、しばらく運転が途絶えていたが1955年3月から多客期に運転を開始した。時刻は1951年春の運転時と同じで、下りは「つばめ」（東京発9時）の3分後、上りは「はと」（大阪発12時30分）の3分後に発車し、5分後に大阪、東京に到着した。編成は次の10両編成で3等車は向い合せ座席のスハ43系であった。

　（←大阪）スハフ42ースロ54ースロ54ースロ54ーマシ35ースハ43ースハ43ースハ43ースハ43ースハフ42（東京→）食堂車は戦前型のスシ28、マシ49いずれも（戦前のスシ37）のこともあった。

　1956（昭和31）年11月の東海道本線全線電化以降は下りが「つばめ」の10分前、上りが「はと」の10分前となった。1957年夏の運転時から3等車は「かもめ」から回って来たスハ44系となった。1957年10月から「さくら」は不定期特急に「昇格」したが、

翌1958年10月、電車特急「こだま」登場（運転開始は11月から）に伴い廃止された。その愛称が翌1959年7月から長崎特急に「移る」ことになる。

# 04 東京〜九州間 寝台特急の登場

## 04-1 長崎特急「さちかぜ」の登場

東海道本線の電化が完成した1956 (昭和31) 年11月19日、全国ダイヤ改正が行われた。この改正で第4の特急として「あさかぜ」(7.8列車) が東京〜博多間に登場した。(東京18:30〜博多11:55、博多16:35〜東京10:00) この「あさかぜ」は福岡、山口、広島各県の自治体、経済界からの強い要望で実現したもので、大阪深夜通過は前例がないとの国鉄本社や国鉄関西地区の反対論を当時の十河信二国鉄総裁の英断で実現したとのエピソードがある。「あさかぜ」は急行用の2.3等寝台車、座席車および食堂車で編成され新旧車両の寄せ集めで特急らしからぬ特急であったが、東京と北九州、福岡を一夜 (従来は一昼夜) で結び乗車率は高く、たちまち増発の要請が強くなった。

1957年に入り国鉄では同年夏に東京〜博多間に臨時特急を運転する計画を進めていたが、すでに長崎地区からは東京〜長崎間特急の要望がでていた。1957年4月23日付の交通新聞は「東京〜博多間臨時特急、今秋には長崎延長」との記事がでている。同年5月3日付の同紙には「夏の多客期に第2あさかぜ運転」の記事とともに「10月改正には東京〜長崎間に「富士」に匹敵する新特急の準備を進めている」と報じた。

同年夏に東京〜博多間に「第2あさかぜ」ともいうべき「さちかぜ」(東京19:00〜博多12:25、博多16:05〜東京9:30) が運転された。運転期間は東京発が7月20日から8月30日、博多発が7月21日から8月31日までであった。

同年10月から「さちかぜ」は東京〜長崎間特急として運転開始された。時刻は次の通りである。

(特急9列車「さちかぜ」) 東京19:00〜大阪発2:31〜博多着12:25〜長崎15:40

(特急10列車「さちかぜ」) 長崎12:50〜博多発16:05〜大阪発1:59〜東京9:30

所要時間は下り上りともに20時間40分で、1942

(昭和17) 年11月時点の「富士」より約3時間の短縮だった。これは東海道本線全線電化および山陽本線夜行時間帯のスピードアップの効果が大きい。編成は「あさかぜ」と同様に新旧の急行用客車の寄せ集めだった。編成は次の通りである。

(←長崎) (マニ32—マロネ40、東京〜博多) — (マロネフ29—ナロ10—マシ29—ナハネ11—ナハネ11—ナハネ11—ナハフ11、東京〜長崎) — (ナハネ11—ナハフ11、東京〜博多) — (ナハネ11—ナハフ11、東京〜広島) (→東京)

2.3等座席車と3等寝台車は近代的外観、蛍光灯照明の軽量客車であったが、3等座席車は向い合せ座席のナハフ11で苦しい夜行の旅は変わらなかった。当時、電化区間は東京〜西明石間と下関〜門司間であったが、東海道本線から山陽本線へ直通する列車は京都で機関車を付け替えた。牽引機は東京〜京都間EF58、京都〜下関間C62、下関〜門司間EF10、門司〜博多間C59、博多〜長崎間C57であった。翌1958年4月、山陽本線の電化区間は姫路まで延長され、姫路でEF58からC62に交代した。上り列車は瀬野〜八本松間の22.5‰上り勾配のため広島からD52の補機を連結し、八本松構内で走行中開放を行った。

## 04-2 長崎特急は「平和」と改称

　1958（昭和33）年10月1日、特急「はやぶさ」（9.10列車）が東京〜鹿児島間に登場し、東京〜九州間特急は3往復となった。この改正時に「あさかぜ」は20系特急客車に置き換えるとともに、「さちかぜ」は「平和」（5.6列車）と改称され、時間帯を下り東京発を3時間繰り上げ、上り東京着を1時間40分繰り下げ、「はやぶさ」と同じ編成として共通運用とした。「平和」への改称は「さちかぜ」は「あさかぜ」と愛称が似ているため乗客の誤乗対策であり、また当時は特急券発売が電算化されておらず乗車券センターでの台帳管理および主要駅、交通公社への事前割当てのため、電話連絡の際「聞き間違い」「言い間違い」が起りやすく、それを防ぐためでもあった。改正時の「平和」の時刻は次の通りである。（注）

（特急5列車「平和」）東京16:05〜大阪23:22/23:24〜博多9:15/9:23〜長崎12:15
（特急6列車「平和」）長崎15:00〜博多17:52/18:00〜大阪3:51/3:53〜東京11:10
「平和」「はやぶさ」の編成は次の通り。

（←長崎・鹿児島）オハニ36（東京〜長崎・鹿児島）−（マロネ40、東京〜博多）−（マロネ40−スロ54−オシ17−ナハネ11−ナハネ11−ナハフ11、東京〜長崎・鹿児島）−（ナハネ11−ナハネ11−ナハネ11−ナハネ11−ナハフ11、東京〜博多）（→東京）

（注）1949年9月に復活した東京〜大阪間特急は「へいわ」であるが、1958年10月からの東京〜長崎間特急は漢字で「平和」であり間違いやすい。「平和」のヘッドサイン、バックサインにも長崎の鐘が描かれている。

## 04-3 20系客車化して「さくら」と改称

　1958（昭和33）年10月改正で「あさかぜ」が固定編成の20系特急客車に置き換えられた。蛍光灯照明、空調完備、完全電化の食堂車、空気バネによる快適な乗り心地は当時の世間一般の生活水準をはるかに上回り「動くホテル」といわれ大好評であった。従来の急行用客車を使用した「平和」「はやぶさ」も20系客車への置換えが急がれたのは当然のことであった。
　翌1959年7月20日から「平和」は「さくら」と改称され、同時に（上りは翌日から）20系特急客車に置き換えられた。時刻は特に変更されていない。当時は3等級制であり、新たに登場した2等寝台車ナロネ22形はルーメットと呼ばれる個室寝台とプルマン式開放型2段寝台の合造である。3等寝台車ナハネ20は寝台幅52cmの3段式で現代の感覚では狭いが、当時の長距離夜行列車は座席に座ることすら容易でなく、空調の効いた車内で「横になって寝ていける」価値は大きかった。3等座席車も貫通型ナハフ21と東京方の非貫通型ナハフ20が連結され、特急「こだま」と同様の2人掛け一方向き座席であった。座席車があった理由は、寝台は贅沢という風潮があったこと、大企業、公務員などの出張旅費規程で寝台利用が認められない場合があったこと、東京〜名古屋間、広島〜九州間などの区間利用に対する配慮である。「平和」から「さくら」への改称については、国鉄側のコメントは特にないようであるが「平和」という言葉は政治的対立を招きやすいため、国鉄はこの名を敬遠したとの巷（ちまた）の声もあった。20系化は夏に実施され完全空調による冷房はきわめて効果的であった。当時、冷房は大都市のオフィスビル、デパート、一流映画館・劇場などに限られ一般家庭にはほとんどなかった。20系化時の「さくら」の編成は次の通りで13両編成である。

（←長崎）（カニ21−ナロネ22−ナロ20−ナシ20−ナハネ20−ナハネ20−ナハフ21、東京〜長崎）−（ナハネ20−ナハネ20−ナハネ20−ナハネ20−ナハネ20−ナハフ20、東京〜博多）（→東京）

　翌1960（昭和35）年6月1日改正で客車特急「つばめ」「はと」も電車化され、「第1、第2こだま」「第1、第2つばめ」となって東京〜大阪間6時間30分運転となった。この改正時において「さくら」運転時刻は次の通りで東京〜長崎間は下り19時間50分で20時間を切った。東京〜大阪間は最高速度95km／hのままであるが7時間13分運転で客車時代の「つばめ」

特急「さくら」を牽引するEF60形500番台の運転台。当時の最高速度は95キロ。マスコンを握る機関士に緊張感が漂う。
1963（昭和38）年12月から東京〜九州間、寝台特急の東京〜広島間はEF58に代わってEF60形500番台になった。
◎1964（昭和39）年3月　撮影：朝日新聞社

「はと」より15分以上短縮されている。これは電車特急、急行(最高速度110km/h)運転のため線路強化、ポイント改良が進んだ結果と考えられる。この改正時から「さくら」の博多〜長崎間牽引機はC57からC60となった。(この時点では鳥栖は通過)

(特急5列車「さくら」)東京16:35〜大阪23:48/23:50〜博多9:30/9:35〜長崎12:25
(特急6列車「さくら」)長崎15:15〜博多18;06/18:14〜大阪3:54/3:56〜東京11:10

　下りは大阪発23時50分のため関西からでも利用できたが、大阪地区の乗車券センターへの割り当て枚数が極めて少なく入手が難しかった。東京駅では16時30発の特急「第2つばめ」が15番線に、16時35分発の「さくら」が14番線に入線し、国鉄を代表する列車が並び、国鉄のPR写真に使われたこともあった。この改正から1か月半後の7月20日(上りは翌日)から「はやぶさ」も20系特急客車化され、「さくら」と同じ編成で共通運用された。この時から「さくら」「はやぶさ」は基本編成に2等寝台車ナハネ20が増結され14両編成化された。
　翌1961(昭和36)年10月1日の全国ダイヤ改正では「さくら」はエースナンバー1.2列車となった。東京発は1列車「さくら」16時35分、3列車「あさかぜ」18時30分、5列車「はやぶさ」19時00分の順で、「九州特急」と呼ばれ(ブルートレインという言い方はまだなかった)、昼の電車特急の赤とクリーム色とは対照的な青い車体は旅心を誘った。

# 04-4 「みずほ」の登場

　この「みずほ」は前年1960(昭和35)年12月24日から翌年1月14日まで(上りは2日後)東京〜熊本間に急行用車両で運転された特急「臨時あさかぜ」が再登場したものである。
　史上最大のダイヤ改正と呼ばれた1961(昭和36)年10月1日ダイヤ改正は「白紙改正」とも呼ばれ全国でディーゼル特急が大増発された。この改正で東京〜熊本間に「みずほ」が急行用の客車を使用して不定期列車で登場した。東京〜山陽西部、九州間の旅客需要は旺盛で「あさかぜ」「さくら」「はやぶさ」の3往復だけでは足りないと判断されたからである。当時、東京〜福岡間の飛行機はプロペラ機で所要約4時間(大阪へ寄港)、運賃は片道12000円、往復22,800円で(この運賃は1962年時点)当時の所得水準、物価水準と比べ著しく高く一般的な交通機関とはいい難く、それに対し東京〜博多間寝台特急の運賃・料金合計は3,610円(2等寝台下段)で、寝台特急が東京〜九州間交通機関の中心だった。「みずほ」の時刻は次の通りである。

(特急1003列車「みずほ」)東京18:20〜大阪1:35/1:39〜博多11:20/11:25〜熊本13:20
(特急1004列車「みずほ」)熊本16:30〜博多18:22/18:32〜大阪4:09/4:13〜東京11:30

　不定期列車となった理由は、それまで熱海〜平塚間で上り「さくら」(東京着11:10)通過後約1時間が線路点検時間であったが「みずほ」運転でその時間が約45分と短縮されたためその期日を調整するためとされたが、運転を開始すると乗車率は高く運休日など設定できず毎日運転であった。
　編成は次の通りである。10系寝台車が中心で2等座席車は「つばめ」「はと」で使用された一方向き2人掛け座席のスハフ43(スハ44の緩急車)であるが、回転式座席に改造されている。

(←熊本)(スハフ43－オロネ10－ナロ10－オシ17－ナハネ11－ナハネ11－スハフ43、東京－熊本)－(オハネ17－オハネ17－オハネ17－オハネ17－スハフ43、東京－博多)(→東京)

# 04-5 評判の悪い「みずほ」

20系客車の先輩3特急に劣らぬ乗車率となった「みずほ」であるが、上り最後部の2等座席車が向い合せ座席のスハフ42となっている写真が当時のファンによって撮影されている。早速、乗客からその設備の悪さに苦情が集中した。当時の交通新聞(1961年10月24日付)は次のように伝えている。「評判の悪い「みずほ」の車両、西部支社、本社に取替えを要望」「10月1日から東京～熊本間に走り始めた不定期「みずほ」の車両がお粗末と評判が悪いので、熊鉄局ではこのほど西部支社経由で本社に車両取替えを要望した。熊鉄局の調べでは「みずほ」の編成中、1号車スハフと7号車オハフ(筆者注、オハフ45のことか?)の老朽度がひどく乗客の評判が極めて悪い。すでに「あさかぜ」「さくら」「はやぶさ」のデラックス3特急、カラス特急ともいわれた「かもめ」も10月からディーゼルになり、「みずほ」の老朽化がさらに問題になっている」「一応、年間9ヶ月運転の

不定期列車でお客がつけば定期に格上げする方針だが、こんな車両では旅客誘致の面でも困る。またデラックス「はやぶさ」と同じ特急料金では旅客の不満も致し方ないので取替えを望んでいる」

1961年暮れには「みずほ」デラックス化の方針が明らかになった。「石原国鉄西部支社長は22日の記者会見で昭和37年度予算で「みずほ」号車両をデラックス化することを明らかにした。現在は急行用車両で見劣りするが、利用率は良く定期化は避けられない情勢となった。そこで定期化を前提にデラックス化を要請することになった」(交通新聞1961年12月23日)

翌1962年夏には「みずほ」は非冷房のため特急料金100円引きの措置が取られた。同年10月からは「みずほ」は急行用客車のまま定期化され7・8列車となった。

# 04-6 「みずほ」20系化と日豊線乗入れ

「あさかぜ」「さくら」「はやぶさ」が20系化されても、日豊本線側の東京直通列車は急行「高千穂」だけで取り残された感があり大分、宮崎両県から東京直通特急が強く要望されたことは言うまでもない。

1961(昭和36)年4月26日付交通新聞は一面コラム「墨汁」(天声人語、余録、編集手帳に相当)で次のように書く「大分駅の場合、東京行高千穂号ハネの駅割当ては1日7枚だがそれを買うためには前日から並ばねばならない。お客同士で自衛手段を講じてその割当を確保している。これは九州全体に言えることだ。九州から東京行の特急券、寝台券は需要にこたえられないところまで来ている」別府から神戸、大阪へは関西汽船別府航路(現・フェリーさんふらわあ)があり、ビジネス客の利用も多かった。

1962年11月、国鉄西部支社長は記者会見で「みずほ」の日豊本線乗り入れを明らかにした。「みずほは来年6、7月頃固定編成化する。半分が大分へ乗り入れ東京～別府間の観光輸送に重点を置く」(交通新聞1962年11月21日)

1963(昭和38)年6月1日、「みずほ」は20系特急

客車となり編成の半分(付属編成)が大分まで運転された。日豊本線内の牽引機はDF50形ディーゼル機関車で、門司～大分間で簡易電源車マヤ20を連結した。この改正時の「みずほ」の時刻は次の通り。

(特急7列車「みずほ」)
東京18:20～大阪1:35/1:39～門司10:02/10:06～博多11:14/11:17～熊本13:20
(2007列車) 門司10:13～大分12:55
(特急8列車「みずほ」)
熊本16:30～博多18:32/18:34～門司19:38/19:46～大阪4:09/4:13～東京11:30
(2008列車)大分16:50～門司19:32

上り寝台特急は20系客車になってからも瀬野～八本松間22.5‰勾配のため広島からD52の補機を連結し、八本松で走行中に開放していた。1962年6月の広島電化後も続けられたが、1963年12月から東京～広島間の牽引機がEF58からEF60 500番台に置き換えられ、上り列車の広島～八本松間の補機が廃止さ

# 1964（昭和39）年3月の時刻表（下り）

☎ … 車内公衆電話をご利用できる区間は東京―神戸間です。

**九 州 連 絡**（東京→大阪→九州）

主要幹線連絡 下り（東京―大阪―九州各線）

| 列車番号 | 33 | 205 | 5M | 207 | 109M | 209 | 603 | 1003M | 2005M | 35 | 7M | 301 | 1 | 2007M | 7 | 3 | 5 | 2103M | 23 | 11 |
|---|---|---|---|---|---|---|---|---|---|---|---|---|---|---|---|---|---|---|---|---|
| 記事 | 雲仙西海 | 玄女海 | こだま第2 | 天草 | よど | 平戸 | 阿蘇 | 第2ひびき | 第2富士 | 高千穂 | 第2つばめ | 音戸 | さくら | おおとり | みずほ | あさかぜ | はやぶさ | 第2宮島 | 安芸 | 銀河 |

| 駅名 | | | | | | | | | | | | | | | | | | | | |
|---|---|---|---|---|---|---|---|---|---|---|---|---|---|---|---|---|---|---|---|---|
| 東京 発 | 1230 | | 1430 | | 1400 | | | 1520 | 1530 | 1435 | 1630 | | 1635 | 1800 | 1820 | 1830 | 1900 | 1930 | 2030 | 2040 |
| 横浜 〃 | 1257 | | 1452 | | 1425 | | | 1541 | 1552 | 1502 | 1652 | | 1701 | 1822 | 1845 | 1855 | 1925 | 1957 | 2101 | 2111 |
| 小田原 〃 | 1342 | | 1509 | | 1509 | | | | 1548 | 1548 | | | | | | | | 2053 | 2201 | |
| 熱海 〃 | 1404 | | 1548 | | 1531 | | | 1637 | 1610 | 1610 | | | | 1917 | | 1959 | | 2121 | 2230 | 2240 |
| 沼津 〃 | 1424 | | 1550 | | 1550 | | | | 1629 | 1629 | | | | | | | | 2145 | 2258 | |
| 静岡 〃 | 1513 | | 1639 | | 1641 | | | 1729 | 1717 | 1717 | 1838 | | 1900 | 2009 | 2047 | | 2124 | 2241 | 001 | 014 |
| 浜松 〃 | 1616 | | 1732 | | 1737 | | | 1822 | | 1822 | 1956 | | | 2102 | | 2155 | | 2356 | 130 | 156 |
| 豊橋 〃 | 1646 | | 1803 | | 1803 | | | 1857 | | 1857 | | | | 2128 | | | | 144 | 318 | 332 |
| 名古屋 着 | 1739 | | 1843 | | 1856 | | | 1931 | 1941 | 1957 | 2043 | | 2117 | 2215 | 2305 | 2315 | 2345 | 144 | 318 | 332 |
| 名古屋 発 | 1744 | | 1848 | | 1859 | | 1920 | 1934 | 1944 | 2005 | 2046 | | 2121 | | 2309 | 2319 | 2345 | 147 | 323 | 341 |
| 岐阜 〃 | 1808 | | | | | | 1922 | 1955 | 2005 | 2029 | | | | | | | | | 357 | |
| 大垣 〃 | | | | | | | 1932 | | | 2006 | | | | | | | | 302 | 458 | |
| 米原 〃 | | | | | | | 2005 | | | 2045 | | | | | | | | 358 | | |
| 大津 着 | | | | | | | 2046 | | | 2133 | | | | | | | | | | |
| 京都 着 | 1944 | | 2028 | | 2058 | | 2143 | 2118 | 2128 | 2209 | 2228 | | 2312 | | 101 | 111 | 137 | 408 | 612 | 622 |
| 京都 発 | 1948 | 2000 | 2030 | 2040 | 2130 | | 2150 | 2120 | 2130 | 2219 | 2230 | | 2313 | | 102 | 114 | 140 | 411 | 620 | 630 |
| 大阪 着 | 2022 | 2034 | 2100 | 2114 | 2130 | | 2224 | 2150 | 2200 | 2254 | 2300 | | 2346 | | 135 | 147 | 213 | 450 | 654 | 710 |
| 三ノ宮 〃 | 2026 | 2044 | | 2125 | | 2143 | 2236 | 2205 | 2300 | | | 2330 | 2350 | 139 | 150 | 216 | 455 | 702 | 716 |
| 神戸 〃 | 2052 | 2112 | | 2151 | | 2214 | 2305 | 2331 | 2531 | | | 2356 | | 016 | | | | 518 | 728 | 741 |
| 姫路 〃 | 2057 | 2117 | | 2157 | | 2219 | 2310 | | 2337 | | 2230 | 001 | | | | 242 | | 522 | 734 | 745 |
| 岡山 〃 | 2158 | 2223 | | 2301 | | 2326 | 014 | | | 038 | | 102 | | 211 | 402 | 412 | 441 | 621 | 827 | |
| 福山 〃 | 2320 | 2343 | | 024 | | 060 | 141 | | | 203 | | 226 | | | | 529 | | 744 | 945 | |
| 尾道 〃 | 017 | 039 | | 120 | | 143 | 230 | | | 305 | | 305 | | | 517 | | | 833 | 1037 | |
| 糸崎 着 | 039 | 059 | | 142 | | 205 | 250 | | | 327 | | 327 | | | | | | 850 | 1056 | |
| 広島 着 | 057 | 118 | | 159 | | 219 | 305 | | | 344 | | 344 | 324 | | 512 | | 705 | 901 | 1112 | |
| 広島 発 | 220 | 245 | | 331 | | 352 | 413 | | | 518 | | 405 | 438 | 623 | 636 | 705 | | 1025 | 1306 | |
| 岩国 〃 | 227 | 254 | | 336 | | 357 | 447 | | | 524 | | 607 | 443 | 628 | 641 | 710 | | | | |
| 徳山 〃 | 309 | 338 | | 417 | | 441 | 531 | | | 609 | | 651 | | | | | | | | |
| 小郡 〃 | 421 | 449 | | 524 | | 553 | 643 | | | 718 | | 836 | 618 | | 816 | | | | | |
| 厚狭 〃 | 508 | 537 | | 611 | | 640 | 730 | | | 806 | | 931 | | | 848 | | | | | |
| 下関 着 | 549 | 616 | | 646 | | 723 | 809 | | | 846 | | 1009 | 800 | 950 | 1000 | 1028 | | | | |
| 門司 〃 | 624 | 655 | | 722 | | 755 | 845 | | | 922 | | 1043 | 812 | 1002 | 1012 | 1040 | | | | |
| 門司 発 | 644 | 715 | | 741 | | 826 | 905 | | | 935 | | | 816 | 1006 | 1018 | 1044 | | | | |
| 小倉 〃 | 654 | 727 | | 751 | | 835 | 915 | | | | | | | | | | | | | |
| 折尾 着 | 721 | 753 | | | | 900 | 942 | | | | | | | | | | | | | |
| 博多 発 | 810 | 839 | | | | 948 | 1028 | | | | | | 923 | 1114 | 1125 | 1150 | | | | |
| 博多 着 | 818 | 843 | | | | 953 | 1036 | | | | | | 928 | 1117 | | 1155 | | | | |
| 鳥栖 着 | 846 | 910 | | 947 | | 1025 | 1105 | | | | | | 1143 | | | | | | | |
| 鳥栖 発 | 852 | 916 | | | | 1032 | | | | | | | | | | | | | | |
| 佐賀 〃 | 921 | 953 | | | | 1101 | | | | | | | 1018 | | | | | | | |
| 諫早 〃 | 1106 | 1139 | | | | | | | | | | | 1151 | | | | | | | |
| 長崎 着 | 1143 | 1215 | | | | | | | | | | | 1228 | | | | | | | |
| 佐世保 着 | 1056 | | | | 1238 | | | | | | | | | | | | | | | |
| 鳥栖 発 | | | | 958 | | 1111 | | | | | | | | 1148 | | 1231 | | | | |
| 久留米 〃 | | | | 1008 | | 1122 | | | | | | | | 1231 | | 1304 | | | | |
| 大牟田 〃 | | | | 1048 | | 1206 | | | | | | | | 1322 | | 1358 | | | | |
| 熊本 着 | | | | 1149 | | 1305 | | | | | | | | | | 1430 | | | | |
| 水俣 〃 | | | | | | | | | | | | | | | | 1544 | | | | |
| 川内 〃 | | | | | | | | | | | | | | | | 1637 | | | | |
| 鹿児島 着 | | | | | | | | | | | | | | | | | | | | |
| 門司 発 | | | | | | | | 942 | | | | | | 1013 | | | | | | |
| 別府 〃 | | | | | | | | 1223 | | | | | | 1241 | | | | | | |
| 大分 〃 | | | | | | | | 1250 | | | | | | 1255 | | | | | | |
| 延岡 〃 | | | | | | | | 1515 | | | | | | | | | | | | |
| 宮崎 〃 | | | | | | | | 1706 | | | | | | | | | | | | |
| 都城 〃 | | | | | | | | 1811 | | | | | | | | | | | | |
| 鹿児島 着 | | | | | | | | 1942 | | | | | | | | | | | | |

参照頁 …東海道本線 74頁。山陽本線 91頁。鹿児島本線 237頁。長崎・佐世保線 260頁。日豊本線 269頁

東海道新幹線開通前、1964（昭和39）年3月の交通公社時刻表。東京～大阪間は、電車特急が6時間30分、電車急行が7時間30分で結んでいる。東京～九州間寝台特急は「さくら」「みずほ」「あさかぜ」「はやぶさ」の4往復があるが、当時は1・2等ともに座席車があったため、全車指定席と表示され寝台列車とはなっていない。寝台特急のうち「み

# 同（上り）

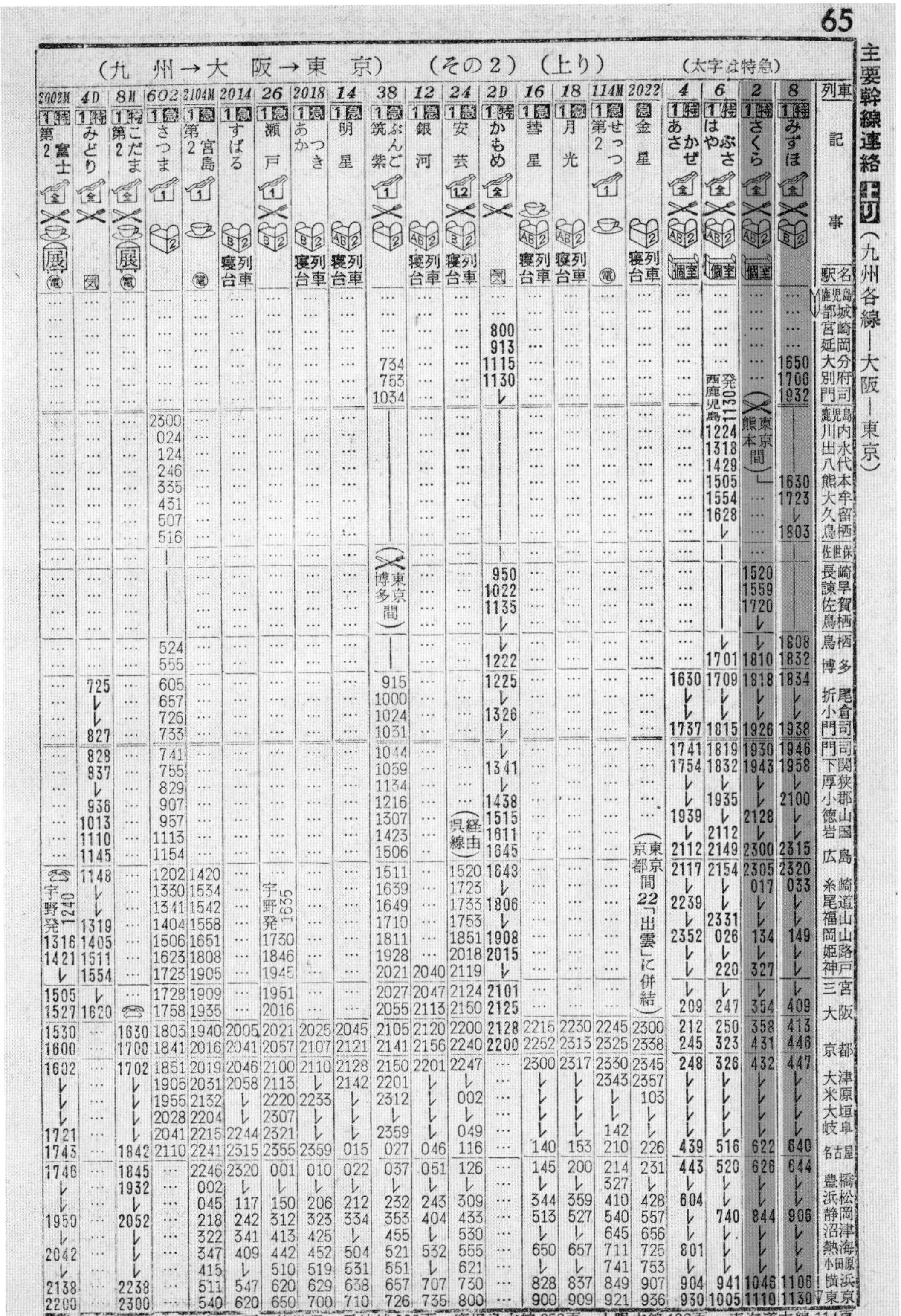

65

主要幹線連絡 上り（九州各線—大阪—東京）

（九　州→大　阪→東　京）（その2）（上り）（太字は特急）

| 列車 | 2602M | 4D | 8M | 602 | 2104M | 2014 | 26 | 2018 | 14 | 38 | 12 | 24 | 2D | 16 | 18 | 114M | 2022 | 4 | 6 | 2 | 8 |
|---|---|---|---|---|---|---|---|---|---|---|---|---|---|---|---|---|---|---|---|---|---|
| 種別 | 1特 | 1特 | 1特 | 1急 | 1急 | 1急 | 1急 | 1急 | 1急 | 1急 | 1急 | 1急 | 1特 | 1急 | 1急 | 1急 | 急 | 1特 | 1特 | 1特 | 1特 |
| 記事 | 第2富士 | みどり | 第2こだま | さつま | 第2宮島 | すばる | 瀬戸 | あかつき | 明星 | 筑紫ぶんご | 銀河 | 安芸 | かもめ | 彗星 | 月光 | 第2せっつ | 金星 | あさかぜ | はやぶさ | さくら | みずほ |
| | 展 電 | 気 | 展 電 | | 電 | 寝台列車 | | 寝台列車 | 寝台列車 | | 寝台列車 | 寝台列車 | 気 | 寝台列車 | 寝台列車 | 電 | 寝台列車 | 個室 | 個室 | 個室 | |
| 鹿児島 | … | … | … | … | … | … | … | … | … | … | … | … | … | … | … | … | … | … | … | … | … |
| 都城 | … | … | … | … | … | … | … | … | … | … | … | … | … | … | … | … | … | … | … | … | … |
| 宮崎 | … | … | … | … | … | … | … | … | … | … | … | … | 800 | … | … | … | … | … | … | … | … |
| 延岡 | … | … | … | … | … | … | … | … | … | … | … | … | 913 | … | … | … | … | … | … | … | … |
| 大分 | … | … | … | … | … | … | … | … | … | 734 | … | … | 1115 | … | … | … | … | … | … | … | 1650 |
| 別府 | … | … | … | … | … | … | … | … | … | 753 | … | … | 1130 | … | … | … | … | … | | … | 1706 |
| 門司 | … | … | … | … | … | … | … | … | … | 1034 | … | … | レ | … | … | … | … | … | | … | 1932 |
| 鹿児島 | … | … | … | 2300 | … | … | … | … | … | ｜ | … | … | ｜ | … | … | … | … | … | 西鹿児島発1130 | （熊本東京間） | ｜ |
| 川内 | … | … | … | 024 | … | … | … | … | … | ｜ | … | … | ｜ | … | … | … | … | … | 1224 | | ｜ |
| 出水 | … | … | … | 124 | … | … | … | … | … | ｜ | … | … | ｜ | … | … | … | … | … | 1318 | | ｜ |
| 八代 | … | … | … | 246 | … | … | … | … | … | ｜ | … | … | ｜ | … | … | … | … | … | 1429 | | ｜ |
| 熊本 | … | … | … | 335 | … | … | … | … | … | ｜ | … | … | ｜ | … | … | … | … | … | 1505 | | 1630 |
| 大牟田 | … | … | … | 431 | … | … | … | … | … | ｜ | … | … | ｜ | … | … | … | … | … | 1554 | … | 1723 |
| 久留米 | … | … | … | 507 | … | … | … | … | … | ｜ | … | … | ｜ | … | … | … | … | … | 1628 | … | レ |
| 鳥栖 | … | … | … | 516 | … | … | … | … | … | ｜ | … | … | ｜ | … | … | … | … | … | レ | … | 1803 |
| 佐世保 | … | … | … | ｜ | … | … | … | … | … | （博多東京間） | … | … | ｜ | … | … | … | … | … | ｜ | … | ｜ |
| 長崎 | … | … | … | ｜ | … | … | … | … | … | | … | … | 950 | … | … | … | … | … | ｜ | 1520 | ｜ |
| 諫早 | … | … | … | ｜ | … | … | … | … | … | | … | … | 1022 | … | … | … | … | … | ｜ | 1559 | ｜ |
| 佐賀 | … | … | … | ｜ | … | … | … | … | … | | … | … | 1135 | … | … | … | … | … | ｜ | 1720 | ｜ |
| 鳥栖 | … | … | … | ｜ | … | … | … | … | … | | … | … | レ | … | … | … | … | … | ｜ | レ | ｜ |
| 鳥栖 | … | … | … | 524 | … | … | … | … | … | ｜ | … | … | レ | … | … | … | … | … | レ | レ | 1808 |
| 博多 | … | … | … | 555 | … | … | … | … | … | ｜ | … | … | 1222 | … | … | … | … | … | 1701 | 1810 | 1832 |
| 博多 | … | 725 | … | 605 | … | … | … | … | … | 915 | … | … | 1225 | … | … | … | … | 1630 | 1709 | 1818 | 1834 |
| 折尾 | … | レ | … | 657 | … | … | … | … | … | 1000 | … | … | レ | … | … | … | … | レ | レ | レ | レ |
| 小倉 | … | レ | … | 726 | … | … | … | … | … | 1024 | … | … | 1326 | … | … | … | … | レ | レ | レ | レ |
| 門司 | … | 827 | … | 733 | … | … | … | … | … | 1031 | … | … | レ | … | … | … | … | 1737 | 1815 | 1926 | 1938 |
| 門司 | … | 828 | … | 741 | … | … | … | … | … | 1044 | … | … | レ | … | … | … | … | 1741 | 1819 | 1930 | 1946 |
| 下関 | … | 837 | … | 755 | … | … | … | … | … | 1059 | … | … | 1341 | … | … | … | … | 1754 | 1832 | 1943 | 1958 |
| 厚狭 | … | レ | … | 829 | … | … | … | … | … | 1134 | … | … | レ | … | … | … | … | レ | レ | レ | レ |
| 小郡 | … | 936 | … | 907 | … | … | … | … | … | 1216 | … | … | 1438 | … | … | … | … | レ | 1935 | レ | 2100 |
| 徳山 | … | 1013 | … | 957 | … | … | … | … | … | 1307 | … | （呉線経由） | 1515 | … | … | … | … | 1939 | レ | 2128 | レ |
| 岩国 | … | 1110 | … | 1113 | … | … | … | … | … | 1423 | … | | 1611 | … | … | … | … | レ | 2112 | レ | レ |
| 広島 | … | 1145 | … | 1154 | … | … | … | … | … | 1506 | … | | 1645 | … | … | … | （東京京都間22「出雲」に併結） | 2112 | 2149 | 2300 | 2315 |
| 広島 | ☎ 宇野発1240 | 1148 | … | 1202 | 1420 | … | … | … | … | 1511 | … | 1520 | 1643 | … | … | … | | 2117 | 2154 | 2305 | 2320 |
| 糸崎 | | レ | … | 1330 | 1534 | … | 宇野発1635 | … | … | 1639 | … | 1723 | レ | … | … | … | | レ | レ | 017 | 033 |
| 尾道 | | レ | … | 1341 | 1542 | … | | … | … | 1649 | … | 1733 | 1806 | … | … | … | | 2239 | レ | レ | レ |
| 福山 | | 1319 | … | 1404 | 1558 | … | | … | … | 1710 | … | 1753 | レ | … | … | … | | レ | 2331 | レ | レ |
| 岡山 | 1316 | 1405 | … | 1506 | 1651 | … | 1730 | … | … | 1811 | … | 1851 | 1908 | … | … | … | | 2352 | 026 | 134 | 149 |
| 姫路 | 1421 | 1511 | … | 1623 | 1808 | … | 1846 | … | … | 1928 | … | 2018 | 2015 | … | … | … | | レ | レ | レ | レ |
| 神戸 | レ | 1554 | … | 1723 | 1905 | … | 1945 | … | … | 2021 | 2040 | 2119 | レ | … | … | … | | レ | 220 | 327 | レ |
| 三宮 | 1505 | レ | … | 1728 | 1909 | … | 1951 | … | … | 2027 | 2047 | 2124 | 2101 | … | … | … | | レ | レ | レ | レ |
| 大阪 | 1527 | 1620 | ☎ | 1758 | 1935 | … | 2016 | … | … | 2055 | 2113 | 2150 | 2125 | … | … | … | | 209 | 247 | 354 | 409 |
| 大阪 | 1530 | … | 1630 | 1803 | 1940 | 2005 | 2021 | 2025 | 2045 | 2105 | 2120 | 2200 | 2128 | 2215 | 2230 | 2245 | 2300 | 212 | 250 | 358 | 413 |
| 京都 | 1600 | … | 1700 | 1841 | 2016 | 2041 | 2057 | 2107 | 2121 | 2141 | 2156 | 2240 | 2200 | 2252 | 2313 | 2325 | 2338 | 245 | 323 | 431 | 446 |
| 京都 | 1602 | … | 1702 | 1851 | 2019 | 2046 | 2100 | 2110 | 2128 | 2150 | 2201 | 2247 | … | 2300 | 2317 | 2330 | 2345 | 248 | 326 | 432 | 447 |
| 大津 | レ | … | レ | 1905 | 2031 | 2058 | 2113 | レ | 2142 | 2201 | レ | レ | … | レ | レ | 2343 | 2357 | レ | レ | レ | レ |
| 米原 | レ | … | レ | 1955 | 2132 | レ | 2220 | 2233 | レ | 2312 | レ | 002 | … | レ | レ | レ | 103 | レ | レ | レ | レ |
| 大垣 | レ | … | レ | 2028 | 2204 | レ | 2307 | レ | レ | レ | レ | レ | … | レ | レ | レ | レ | レ | レ | レ | レ |
| 岐阜 | 1721 | … | レ | 2041 | 2215 | 2244 | 2321 | レ | レ | 2359 | レ | 049 | … | レ | レ | 142 | レ | レ | レ | レ | レ |
| 名古屋 | 1743 | … | 1842 | 2110 | 2241 | 2315 | 2355 | 2359 | 015 | 027 | 046 | 116 | … | 140 | 153 | 210 | 226 | 439 | 516 | 622 | 640 |
| 名古屋 | 1746 | … | 1845 | … | 2246 | 2320 | 001 | 010 | 022 | 037 | 051 | 126 | … | 145 | 200 | 214 | 231 | 443 | 520 | 626 | 644 |
| 豊橋 | レ | … | 1932 | … | 002 | レ | レ | レ | レ | レ | レ | レ | … | レ | レ | 327 | レ | レ | レ | レ | レ |
| 浜松 | レ | … | レ | … | 045 | 117 | 150 | 206 | 212 | 232 | 243 | 309 | … | 344 | 359 | 410 | 428 | 604 | レ | レ | レ |
| 静岡 | 1950 | … | 2052 | … | 218 | 242 | 312 | 323 | 334 | 353 | 404 | 433 | … | 513 | 527 | 540 | 557 | レ | 740 | 844 | 906 |
| 沼津 | レ | … | レ | … | 322 | 341 | 413 | 425 | レ | 455 | レ | 530 | … | レ | レ | 645 | 656 | レ | レ | レ | レ |
| 熱海 | 2042 | … | レ | … | 347 | 409 | 442 | 452 | 504 | 521 | 532 | 555 | … | 650 | 657 | 711 | 725 | 801 | レ | レ | レ |
| 小田原 | レ | … | レ | … | 415 | レ | 510 | 519 | 531 | 551 | レ | 621 | … | レ | レ | 741 | 753 | レ | レ | レ | レ |
| 横浜 | 2138 | … | 2238 | … | 511 | 547 | 620 | 629 | 638 | 657 | 707 | 730 | … | 828 | 837 | 849 | 907 | 904 | 941 | 1046 | 1106 |
| 東京 | 2200 | … | 2300 | … | 540 | 620 | 650 | 700 | 710 | 726 | 735 | 800 | … | 900 | 909 | 921 | 936 | 930 | 1005 | 1110 | 1130 |

参照頁 … 日豊本線274頁．佐世保・長崎線262頁．鹿児島本線252頁．山陽本線102頁．東海道本線114頁

ずほ」だけには個室寝台の表示がない。当時、東京〜九州間は飛行機は一般的でなく、寝台特急の利用が中心だった。寝台券は入手困難で買えない時は、東京〜九州間の急行を利用した。

れた。同時に牽引定数が460tから480tに引き上げられ、同年12月20日からナハネ20が1両増結され15両編成化された。この時点では「さくら」牽引機は広

島－下関間C62、下関～門司間EF30、門司～博多間ED73、博多～長崎間C60である。

## 04-6 「みずほ」はふたたび単独運転で熊本へ

1964（昭和39）年10月1日、東海道新幹線が開通したが、東京～九州間寝台特急は東京～大分間に「富士」が登場し、「みずほ」はふたたび東京～熊本間の単独運転となり、付属編成を東京～博多間とした。ここで「みずほ」について鉄道ファン1967年10月号「寝台車30000形から581系まで、ファンの見た国鉄大衆寝台車の発展」に次のようなエピソードが紹介されている。「乗客の第一印象は恐ろしい。いまだに乗客は「あさかぜ」が一番いい車を使用し、「みずほ」が悪い車を使っていると思っているらしい。

友人の交通公社営業所長が語っていたが、いくらすすめても「みずほ」の特急券はなかなか買わないし、「あさかぜ」ばかり要求してくる。最後に車両交換された「みずほ」が貧乏くじをひいたものだ」

この改正で山陽本線の全線電化が完成し寝台特急は東京～下関間をEF60 500番台がロングランしたが、翌1965年10月から高速性能に優れたEF65 500番台（EF65P形）に置き換えられ、1978年まで13年間「ブルトレ牽引の覇者」として君臨した。

# 05 ブルートレイン全盛時代

## 05-1 「さくら」は長崎・佐世保行に

1965（昭和40）年10月1日、東海道新幹線「ひかり」3時間10分運転に伴う全国ダイヤ改正が行われ、「さくら」は長崎・佐世保行となり、長崎本線および佐世保線内はDD51牽引となった。この改正で鳥栖停車となり、鳥栖でED73からDD51に交代した。佐世保発着編成は肥前山口で分割されたが驚くべきことに1等個室寝台、食堂車のある基本編成が佐世保発着、付属編成が長崎発着となり、簡易電源車マヤ20が再び使用された。佐世保発着編成は早岐で向きが

変わるため、早岐～佐世保間はC11形タンク機関車が先頭に付き、DD51が後部補機となり「C11特急」として話題になった。

基本編成の佐世保乗り入れは「主従逆転」であり、地元の反発も強かったようで翌1966年10月から基本編成が長崎発着、付属編成が佐世保発着となった。早岐～佐世保間「C11特急」は1968年10月改正時に姿を消した。

## 05-2 43－10改正で「はやぶさ」も長崎へ

特急大増発で知られる1968（昭和43）年10月1日「43－10」改正で、「はやぶさ」の付属編成が長崎へ乗り入れ、東京～長崎間は「さくら」「はやぶさ」

の2本立てとなった。この改正時の「さくら」「はやぶさ」時刻は次の通りであるが、長崎本線内では1時間10～20分間隔で、時間帯の分担の意味では効果

的だったが、「はやぶさ」は基本編成が2等寝台（→B寝台）5両で、熊本までの客も西鹿児島編成に乗ってしまい、八代以遠の客が特急券を買いにくくなる事態になった。

（特急1列車「さくら」）
東京16:40 ～ 大阪0:05/0:09 ～ 下関7:54/7:58 ～ 博多9:11/9:14 ～肥前山口10:27/10:32 ～長崎12:15
（2001列車）肥前山口10:40 ～ 佐世保11:48
（特急5列車「はやぶさ」）
東京18:00 ～ 大阪1:25/1:29 ～ 下関9:14/9:18 ～ 博多10:31/10:33 ～ 鳥栖10:58/11:03 ～ 西鹿児島15:53
（2005列車）鳥栖11:10 ～長崎13:41
（特急6列車「はやぶさ」）

西鹿児島12:05 ～ 鳥栖17:01/17:14 ～ 博多17:38/17:40 ～ 下関18:52/18:56 ～ 大阪2:41/2:45 ～東京10:10
（2006列車）長崎14:40 ～ 鳥栖16:57
（特急2列車「さくら」）
長崎15:50 ～ 肥前山口17:25/17:37 ～ 博多18:56/18:58 ～ 下関20:12/20:16 ～ 大阪4:01/4:05 ～東京11:30
（2002列車）佐世保16:15 ～肥前山口17:18

この改正で東京～下関間はEF65 500番台により最高速度110km /h運転となった。九州内も門司～博多間が最高速度100km /h運転となりED73 1000番台が牽引した。「みずほ」はこの改正で付属編成の博多解結がなくなり、15両編成が熊本直通となった。

## 05-3 「さくら」14系寝台車に

1969年、翌1970年開催「大阪万博」への臨時列車に使用するため冷房、自動ドア、ディーゼル発電機を備えた12系客車が登場した。1971年、12系客車の寝台版として14系寝台車が登場し、寝台のセットおよび解体作業が自動化され、B寝台は3段であるが寝台幅が70cmと広がり、一方では電源車がなくなりスハネフ14形の床下にディーゼル発電機が設けられた、

1972年3月15日、新幹線岡山開業に伴うダイヤ改正が行われ、「さくら」「みずほ」「あさかぜ」（下り2号、上り3号）が14系寝台車となった。「はやぶさ」は20系客車で変わらず、付属編成の長崎乗り入れも続いたが、この改正で下り「はやぶさ」の東京発がそれまでの18時から16時45分に繰り上がり、「さくら」（東京発16時30分）の15分後となった。これは「さくら」「みずほ」から電源車がなくなったため、電源車の荷物室で行っていた新聞輸送（主として東京からの業界紙、大阪から広島方面への全国紙）を「はやぶさ」で行うためであった。この時点の「さくら」「はやぶさ」の時刻を簡潔に示すが、下りは両者の時刻が近接し、列車選択の幅が狭くなっている。

（下り）
（1列車「さくら」14系）
東京16:30 ～長崎12:02、佐世保11:26

（3列車「はやぶさ」20系）
東京16:45 ～西鹿児島14:29、長崎12:20
（上り）
（4列車「はやぶさ」20系）
西鹿児島12:30、長崎15:05 ～東京10:30
（2列車「さくら」14系）
長崎15:55、佐世保16:28 ～東京11:30
14系「さくら」の編成は次の通りで、基本編成8両が長崎発着、付属編成6両が佐世保発着である。

（←長崎・佐世保）（スハネフ14－オロネ14－オハネ14－オハネ14－オシ14－オハネ14－オハネ14－スハネフ14、東京～長崎）－（スハネフ14－オハネ14－オハネ14－オハネ14－オハネ14－スハネフ14、東京～佐世保）（→東京）

長崎本線喜々津～浦上間はカーブが連続し最急勾配20‰で運転上の難所であったが、1972（昭和47）年10月、市布経由の新線が開通し、特急、急行列車は新線経由となり10分程度短縮された。現川～浦上間の長崎トンネル（6,173m）にはトンネル内に信号場が設けられている。

## 05-4 「みずほ」長崎へ

　1975（昭和50）年3月10日、山陽新幹線が博多まで開業し、東京〜博多間は新幹線「ひかり」で最短6時間56分で結ばれた。長崎本線、佐世保線の電化が遅れているため、新幹線から長崎、佐世保方面へはディーゼル急行「出島」「弓張」への接続となった。この改正で「みずほ」が長崎へ乗り入れることになった。

　1972年3月改正から下り「はやぶさ」は「みずほ」より15分先行することになったが、先行する「はやぶさ」に乗客が集中する傾向があり西鹿児島編成は熊本手前での下車客が目立ち、これが熊本以遠への寝台券入手難につながっていた。次の「みずほ」は14両全部が熊本行だが、九州内の乗車率は低かった。そこで乗車率の均衡をはかるため「みずほ」の一部を長崎行として乗車率をアップさせ、「はやぶさ」付属編成を熊本行として熊本までの客を付属編成に「収容」して西鹿児島編成を八代以南の乗客が入手しやすくした。さらに技術的な問題もあった。この改正時から「はやぶさ」は24系24形3段式寝台

車になったが、20系と24系とは車内電源の電圧が異なり、24系を長崎へ乗り入れるとすれば、電源車の改造が必要になる。「みずほ」は14系で電源車不要のためそのような問題は生じない。「さくら」「みずほ」新幹線博多開業後も14系客車で運行され、1975年3月改正時の時刻を簡潔に記す。

（下り）
（1列車「さくら」）
東京16:30〜長崎11:48、佐世保11:27
（5列車「みずほ」）
東京17:00〜熊本11:25、長崎12:19
（上り）
（6列車「みずほ」）
熊本16:36、長崎15:47〜東京11:05
（2列車「さくら」）
長崎16:03、佐世保16:30〜東京11:30

# 06 飛行機との競争激化とブルートレインの凋落

## 06-1 長崎空港の開港

　連絡船に乗り換える必要のある北海道と異なり、東京対九州は国鉄優位が続いていたが、1970年前後から飛行機の利用者が増えてきた。新幹線博多開業の1975年春時点では福岡、熊本、鹿児島、大分、宮崎の各空港がジェット化されていた。長崎は旧海軍の大村航空基地で、戦後は海上自衛隊の基地となり、1959年から全日空（ANA）が就航したが、いわゆる軍民共用空港で滑走路も1200mでジェット機の就航はできなかった。1974年夏の時点ではYS11により東京（羽田）〜大村間1往復（所要3時間20分）、大阪（伊丹）〜大村間9往復（所要50分）であった。東京－大村間は長距離のため、燃料搭載の関係でYS11の

定員60名を40名に制限していた。大村空港の拡張は困難であったが、約2km離れた沖合の「箕島」を埋立て新滑走路を造ることになり、1972年1月に着工され、1975年5月1日に世界初の本格的な海上空港として長崎空港が供用開始されジェット機が就航した。東京〜長崎間はANAがB737で2往復、TDA（東亜国内航空）がDC9で1往復、所要1時間55分（上りは1時間40分）。大阪〜長崎間はANAがB737で5往復、所要1時間20分（上りは1時間15分）。難点は長崎市内から遠いことで連絡バス所要時間70分、出発時刻2時間前に長崎市内から乗る必要があった。

　（現在は所要50〜60分）

# 06-2 国鉄運賃大幅値上げと飛行機への転移

　1975（昭和50）年11月に国鉄の特急、急行、グリーン、寝台料金が約32%値上げされ、翌1976年11月からは運賃が約50%値上げされた。その後も小刻みな値上げが続き、長距離旅客が飛行機に大幅に移った。値上げ前の1975年3月、大幅値上げ後の1976年12月、1978年10月、1986年11月における東京～長崎間の国鉄と飛行機の運賃、料金合計額は次の通りである。（飛行機は市内－空港の交通費は含まない）

（1975年5月、東京～長崎間）
寝台特急「さくら」「みずほ」（B寝台下段）
7,910円（往復14,830円）
新幹線「ひかり」と長崎本線急行の乗り継ぎ
（普通車指定席）9,410円（往復17,830円）
飛行機（ジェット特別料金込み）
22,500円（往復40,620円）
（1976年12月、東京～長崎間）
寝台特急「さくら」「みずほ」（B寝台下段）
13,400円（往復25,280円）
新幹線「ひかり」と長崎本線特急の乗り継ぎ
（普通車指定席）15,200円（往復28,880円）
飛行機（ジェット特別料金込み）
22,500円（往復40,620円）
（1978年10月、東京～長崎間）
寝台特急「さくら」「みずほ」
（B寝台下段）15,600円（往復29,400円）

新幹線「ひかり」と長崎本線特急の乗り継ぎ
（普通車指定席）16,750円（往復31,700円）
飛行機（ジェット特別料金込み）
22,500円（往復40,620円）
（1986年11月、東京～長崎間）
寝台特急「さくら」「みずほ」
（二段式B寝台下段）22900円（往復43,020円）
新幹線「ひかり」と長崎本線特急の乗り継ぎ
（普通車指定席）22,850円（往復42,920円）
飛行機（ジェット特別料金込み）
31,100円（往復56,160円）

　航空運賃を100とした場合の寝台特急運賃料金の割合を往復で比べると1975年5月の長崎空港開港時は36.5であったが、1976年12月では62.2に跳ね上がり、1978年10月では72.3、1986年11月では76.6となり、鉄道の割安感が失われた。こうなると所要時間や疲労度の違いからどうしても飛行機に軍配が上がる。飛行機の快適さを一度体験すると、お客は鉄道には戻ってこない。寝台特急からビジネス客が減り、利用者は鉄道旅行愛好者、飛行機が不安な人、空港が遠くて不便といった人が中心になった。高齢者も目立つが、運賃・料金3割引のジパング倶楽部の会員であろう。（ジパング倶楽部割引は1985年7月から）

# 06-3 東京～下関間牽引機がEF65 1000番台に

　新幹線が博多まで開通しても東京～九州間寝台特急は走り続け、「さくら」「みずほ」も14系寝台車のままで運転時刻も大筋で変化がなかった。東京からの乗車は少なくても静岡県内や名古屋からの乗車が目立つようになった。1976（昭和51）年7月、長崎本線、佐世保線の電化が完成し博多～長崎・佐世保間に電車特急「かもめ」「みどり」が登場し、「さくら」も門司～長崎・佐世保間がED76牽引となったが、「みずほ」は機関車需給の関係で鳥栖～長崎間がDD51重連牽引となった。

　1977、78年には鉄道趣味雑誌がブルートレイン特集を行ったこと、一般の出版社からも「ブルトレ」を取りあげた本が出版されたことがきっかけで小中学生を中心に「ブルートレイン撮影ブーム」が起き、日曜ともなれば駅や沿線で「撮り鉄」が急増した。

　東京～下関間1118.7km（当時のキロ数、柳井経由）をロングランする東京機関区のEF65 500番台（EF65P形）は一日の走行キロが1000キロを越える過酷な仕業で台車、機器への負担も大きいことから、1978年7～9月にEF65 1000番台（EF65PF形）に置き換えられた。これが折からの「ブルートレインブーム」に拍車をかけた。

1976年10月から「はやぶさ」「富士」が24系25形に置き換えられ、B寝台は2段寝台になり居住性が向上した。残る「あさかぜ」（下り1号、上り2号）も1978年2月から24系25形となりB寝台車が2段化された。そうなると3段寝台のままの「さくら」「みずほ」が見劣りするようになり、14系B寝台車の2段化改造が編成を減車して行われた。1983年12月から一部に2段化された車両が組み込まれ、翌1984

年9月から「さくら」「みずほ」B寝台車がすべて2段化された。1984年7月20日（上りは翌日）から「さくら」長崎編成および「みずほ」熊本編成の3号車が4人用B個室寝台「カルテット」（オハネ14形700番台）となり「日本でもオリエント急行の気分が楽しめます」とPRされた。家族やグループのため部屋単位で発売され見知らぬ人が同室にならないように配慮された。

## 06-4 九州内ヘッドマークの復活とEF66の登場

1974年頃から寝台特急のヘッドマークが東海道、山陽線内を除いて廃止され、回送列車のような情けない姿であった。機関車運用の複雑化でマークの着脱が面倒になったことや労使関係の悪化が原因とされている。1979年7月から寝台特急後部のバックサインが絵入りとなったが、先頭の機関車は相変わらずマークなしだった。だが、1984年2月改正時から九州内で復活、翌1985年3月から全国的に復活した。これは特急の象徴であるヘッドマークを大切にしたいとの関係者の熱意と信じたい。

1985年3月は東北・上越新幹線上野乗入れに伴う全国ダイヤ改正であったが、レールファンとって驚天動地のことが起きた。それは東海道・山陽本線寝台特急の牽引機がEF66になったことである。当時、国鉄最強の貨物用電気機関車EF66はその勇

壮なスタイルで人気があり、「EF66を寝台特急の先頭に」はファンの夢であったが、それが正夢となって実現した。この改正で「はやぶさ」にロビーカー（オハ24形700番台）が連結されることになり、編成は1両増結され15両（電源車含む）となったが重量が増加し、換算50.5両（505t）から換算54両（540t）となった。これでは従来のEF65 1000番台では通客C2速度（10‰上り勾配での均衡速度82/kmh）を維持できない。そこで機関車を下関運転所のEF66（出力3900kw、EF65は2550kw）に置き換え、牽引定数を従来の510tから540tに引き上げ、従来の速度を維持することとした。また「はやぶさ」だけEF66にして、他をEF65 1000番台とすることは予備車の増加を招き、管理上も得策ではないため、東海道本線・山陽本線寝台特急6往復すべてがEF66牽引となった。

## 06-5 JR発足後の「さくら」「みずほ」

1986（昭和61）年11月1日、国鉄最後のダイヤ改正が行われ、東京～九州間寝台特急もさらにスピードアップされ、東京～下関間で約40分短縮された。この改正は民営化後の新会社の経営基盤確立のための改正で、新会社発足後の列車体系、営業体制、要員事情を踏まえ、このダイヤのまま新会社に移行するとされた。

1987（昭和62）年4月1日、JR各社が発足した。「さくら」「みずほ」は14系寝台車で運行され、基本編成（1～7号車）がJR九州（熊本客貨車区）、付属編成（8～12号車）がJR東日本（品川運転区、旧品川客車区）所属となった。東京～下関間を牽引するEF66はJR西日本の下関運転所である。JR発足時の「さくら」み

ずほ」の時刻は次の通り。

（特急1列車「さくら」）
東京16:40～大阪23:24/23:26～下関6:44/6:48～博多8:04/8:06～肥前山口9:08/9:13～長崎10:40
（4001列車）肥前山口9:23～佐世保10:27
（特急5列車「みずほ」）
東京18:05～大阪0:46/0:48～下関8:06/8:10～博多9:26/9:28～鳥栖9:53/9:58～熊本11:09
（4005列車）鳥栖10:06～長崎12:06
（特急6列車「みずほ」）
熊本17:34～鳥栖18:47/18:59～博多19:23/19:25～下関20:40/20:45～京都4:41/4:42～東京11:00

(4006列車)長崎16:45〜鳥栖18:48

(特急2列車「さくら」)

長崎17:02〜肥前山口18:31/18:44〜博多19:44/19:45〜下関21:00/21:05〜大阪4:29/4:31〜東京11:26

(4002列車)佐世保17:30〜肥前山口18:34

下り「さくら」は東京〜長崎間18時間で、1957（昭和32）年10月「さちかぜ」登場時の20時間40分より2時間40分短縮され同区間の最短時間であるが、その後は東京付近での平行ダイヤ化、九州内での電車特急高速化などの影響で到達時間は延びてゆく。

## 06-6 「みずほ」廃止

　1991（平成3）年6月から「みずほ」の食堂営業が中止され、1993（平成5）年3月から「さくら」食堂車は「はやぶさ」「富士」「あさかぜ」（下り1号、上り4号）とともに営業中止となった。ただ、食堂車は外されることなくそのまま連結され、時刻表巻末の列車編成表では、「売店」と記載され車内販売基地であった。テーブル、イスもそのままで実質的な「サロンカー」だった。

　1994（平成6）年12月3日、JRグループのダイヤ改正が行われ、「みずほ」が「さくら」に統合される形で廃止された。この改正で東京〜博多間「あさかぜ」（下り1号、上り4号）も臨時列車に格下げの形で廃止された。この改正時の「さくら」の時刻は次の通りである。

(特急3列車「さくら」)

東京17:58〜大阪0:47/0:49〜下関8:06/8:10〜博多9:26/9:27〜肥前山口10:32/10:40〜長崎12:04

(4003列車)肥前山口10:54〜佐世保12:03

(特急4列車「さくら」)

長崎17:05〜肥前山口18:27/18:45〜博多19:42/19:43〜下関21:00/21:05〜大阪4:29/4:31〜東京11:29

(4004列車)佐世保17:29〜肥前山口18:32

　「さくら」は全編成がJR九州（長崎運転所）の担当になり、長崎編成、佐世保編成とも14系寝台車の同じ編成（各7両）となりそれぞれにカルテット、食堂車（営業休止）が連結された。

## 06-7 「さくら」「はやぶさ」併結に

　1997（平成9）年11月29日改正時から、「はやぶさ」の熊本〜西鹿児島間が廃止され東京〜熊本間に、「富士」の大分〜宮崎間が廃止され東京〜大分間になった。この改正時から「さくら」から4人用B個室寝台「カルテット」が外され、その跡地？には多客期に限り通常のB寝台車が連結された。1998年7月10日からJR西日本、JR東海の285系電車による「サンライズ瀬戸」（東京〜高松間）と「サンライズ出雲」（東京〜出雲市間）が運転開始され、客車寝台特急「瀬戸」「出雲」（下り3号、上り2号）が廃止された。この車両を交直流タイプにして東京〜九州間寝台特急に投入してはとの声がファンの間からあがったが実現していない。寝台特急の乗客は年々減少しており、投資に見合った効果が得られないと判断されたのであろうか。

　次の大きな改正は1999（平成11）年12月4日で、

東京〜熊本間「はやぶさ」と東京〜長崎間「さくら」が東京〜鳥栖間で併結運転となりファンからは「はやぶさくら」と呼ばれ、同時に「さくら」の佐世保編成は廃止された。この改正で東京〜九州寝台特急は「はやぶさ」「さくら」と「富士」の2往復（東京発着時）になり、東京〜下関間「あさかぜ」も残った。翌2000年3月改正時の「はやぶさ」「さくら」の時刻は次の通り。

(特急3列車「はやぶさ」「さくら」)

東京18:03〜大阪1:06/1:09〜下関8:34/8:39〜博多9:53/9:55〜鳥栖10:19/10:27〜熊本11:40

(43列車「さくら」)鳥栖10:36〜長崎13:05

(特急4列車「はやぶさ」「さくら」)

熊本17:30〜鳥栖18:50/19:17〜博多19:41/19:44〜下関21:00/21:05〜大阪4:29/4:31〜東京11:27

(44列車「さくら」)長崎16:50～鳥栖19:04

下り「さくら」は東京～長崎間で19時間を超え、1986年11月改正時より約1時間延長している。その主な内訳は東京～沼津間15分、博多～長崎間36分である。東京～沼津間は東京発「湘南電車」との平行ダイヤ化、博多～長崎間は鳥栖での切り離し時分および電車特急「かもめ」が高速バスとの競争のため高速化し、足の遅い客車列車は途中待避を強いられたからである。長崎本線内では「さくら」は後続の「かもめ」を2回待避し、単線区間では上り「かもめ」と6回交換待ちした。編成は「はやぶさ」が熊本運輸センターの24系25形の9両(電源車含む)、「さくら」は長崎運輸センターの14系15形6両である。「さくら」からA寝台車(オロネ14)が外され、「さくら」

10号車はB個室寝台「ソロ」(オハネ15形2000番台)となった。「さくら」「はやぶさ」編成は「富士」と共通運用で、東京で「富士」として折返して大分まで往復した後、「はやぶさ」「さくら」となって熊本、長崎へ戻る運用であった。

この時点の「はやぶさ」「さくら」の編成は次の通りで東京～鳥栖間は15両編成である。

(←熊本・長崎)(カニ24－オハネフ25－オハネ25－オハネ25－オハネ25－オハネフ25－オハ24 700－オロネ25－オハネフ25、東京～熊本「はやぶさ」)－(スハネフ14－オハネ15 2000－オハネ15－オハネ15－オハネ15－スハネフ14、東京～長崎「さくら」)

(以上)

# 06-8 「さくら」廃止

2005(平成17)年3月改正で伝統の「さくら」は廃止された。最終運転日は東京発、長崎発ともに2月28日であった。同時に東京～下関間「あさかぜ」も廃止された。その理由について鉄道ジャーナル2005年4月号「さようなら僕らのブルートレインあさかぜ、さくら」は次のように書く。「JR九州の説明では、東京、関西発着をあわせて最近の各列車(1愛称ごとに1列車とカウント)の平均乗車人員は1日上下計で100人程度に過ぎない」「JR発足当時は各列車とも1日で500人を上回っていたので5分の1に

減った。(特に「さくら」は当時550人を超えていたから落ち幅が目立つ)

残る東京～九州間寝台特急は「はやぶさ」(東京～熊本間)「富士」(東京～大分間)で東京～門司間併結となり東海道・山陽本線内は1往復となった。ファンからは「富士ぶさ」と呼ばれたが2009(平成21)年3月14日改正で廃止された。最終運行は東京発、熊本・大分発とも3月13日で、52年4ヶ月に及ぶ東京～九州間寝台特急の歴史は幕を閉じた。

# 06-9 さだまさしが唄う「さよならさくら」

長崎出身のシンガーソングライターさだまさし(本名、佐田雅志、1952年4月生まれ)は「さくら」廃止を惜しみ「さよならさくら」(作詞作曲さだまさし)を2005年に発表している。曲中では「さよならさくら」が繰り返される。

さだまさし著「美しき日本の面影」(新潮社)にさだが廃止直前の「さくら」に学校時代の親しい仲間3人と東京から長崎までお別れ乗車した時の様子が手紙の形で書かれている。「2月・杯までと知った後も、座席くらいなんとかなるだろうと、のんびり構えていた僕らに「マニアの情熱をなめちゃいけ

ない」と君は慌ててチケットを手配してくれましたね。B寝台喫煙車両7号車、1番の上下段と2番の上下段の向かい合った4席だけが奇跡的に空いていた」。1965年4月、さだはバイオリンのレッスンを受けるため長崎から東京の区立中学校に入学したが、急行「雲仙」に1人で乗り、自宅近くの踏切で小学校の校長、担任、級友から「佐田君がんばれ」の横断幕とともに盛大な見送りを受けている。さだにとっても「さくら」は高嶺の花で憧れの列車だった。

(文中敬称略)

EF6650（下関運転所）が牽引する「さくら」「はやぶさ」併結列車。東京〜鳥栖間で併結運転を行い、ヘッドマークも九州内とは異なるデザインであった。廃止直前の移り変わり運用のため、編成前寄りの6両が14系15形の「さくら」、後半6両も14系15形の「はやぶさ」である。機関車から数えて6両目に「シングルデラックス」オロネ15形3000番台を連結している。「さくら」にシングルデラックスが連結されたのは、廃止直前の1週間だけであった。

長崎駅2番線に到着したED76 69（大分運転所）が牽引する特急「さくら」。1999（平成11）年12月改正で「さくら」と「はやぶさ」は東京〜鳥栖間で併結運転となり、ファンからは「はやぶさくら」と呼ばれた。九州内では「さくら」と「はやぶさ」の絵を重ねたヘッドマークが機関車に取り付けられた。写真左端の4番線には885系「かもめ」が停車中。

多くのファンに見送られて長崎を出発する上り「さくら」最終列車。最後部車掌室には花束が飾られている。
◎長崎　2005（平成17）年2月28日　撮影：朝日新聞社

# 1987年4月、特急「さくら」で長崎へ

## 思わず舞い込んだ長崎行き

　国鉄が分割民営化され、JR各社が発足した1987（昭和62）4月早々、長崎へ業務出張の話が舞い込んだ。同行者は2人である。最初は3人とも「さくら」で行くことにしていたが、他の2人は「夜行はきついから飛行機で行く」「ヤマダさん、あんたは電車が好きだから夜行で行ってもいいよ」となった。そこで、筆者は「さくら」、他の2人は翌日朝8時50分羽田発のANA661便で行くことになった。

　4月21日（火曜日）、やや早く勤務先をでて東京駅へ。東京駅9番線で16時40分発の特急「さくら」に乗り込む。横浜から乗ってもよいのだが、それは映画を途中から見ることと同じだ。やはり始発駅から終着駅まで乗りたい。東京発長距離列車の発車ホームはかつての14、15番線（第7ホーム）を新幹線に明け渡し、13番線も使用停止で、今は9、10番線（第5ホーム）から長距離列車が発車するが、閑散としている。昭和30〜40年代のブルトレ発車時のにぎわいが嘘のようである。あの頃は旅立つ人、見送る人で華やかであり、筆者もよく見に来たものだ。

　国鉄からJRに代わってまだ3週間。車両の側面にはJRのロゴマークが大きく貼られているが、車両は国鉄時代のままで変化なく、社員（←職員）の制服が変わったこと、各所に掲示されたJR東日本のポスターから「民営化されたのだな」とわかるくらいである。発車前に牽引機および全編成をメモする。レールファンが長距離列車に乗るときには先頭から最後まで眺めるべきだろう。

（↑　長崎、佐世保）

東京ー下関間EF66 49（下関）、
下関ー門司間EF81 412（大分）、
門司〜長崎間ED76 92（大分）

スハネフ14　6　↑　長崎
オロネ14　3
オハネ14　706
オハネ14　24
オシ14　13
オハネ14　7　（6号車に乗車）
スハネフ14　2　↓　東京

スハネフ14　17　↑　佐世保
オハネ14　42
オハネ14　40
オハネ14　44
スハネフ14　22　↓　東京

## 食堂車で味わう玄海定食

　16時40分、定刻で「さくら」は発車。東京からの乗客は少なくガラガラである。平行する山手線、京浜東北線から「あっ、ブルートレインだ」という乗客の視線を感じる。自分はこれから旅にでるのだ、ちょっとした優越感を感じる一瞬でもある。指定された寝台は6号車オハネ14 7の6番下段である。相客はなかったように思う。品川の車両基地に並ぶブルトレ車両にも側面にJRと大きく表示されている。民営化されたことを強く印象づけるためであろうか。この付近で早速検札があるが、すいているせいか早く進んでいるようだ。食堂車のウエイトレスがメニューを書いたチラシを配っていた。2段寝台化されていて、各ベッドにシーツと枕が畳んで置かれている。係員による寝台設営作業はなく、寝たいと思ったら、勝手に備え付けのシーツを広げて寝ればよい。とはいえまだ明るい。窓外は京浜間の見慣れた景色だが、電車のモーター音と異なり静かな車内ですべるような客車の「走り」だ。

　横浜をでて間もなく17時15分頃、食堂車営業開始のアナウンスあり平塚過ぎたあたりから食堂車へ。14系食堂車は凝ったデザインの20系食堂車と異なり、簡素なデザインだ。60年代から70年代半ばまでのブルートレイン全盛時代、食堂車は東京発車と同時に満席になり、文字通り走るレストラン、走る居酒屋で、出張ビジネスマンが陣取り喧騒うずまく世界だったが、今日はすいていて静かである。テーブル上には通常メニューのほか、特別メニューとして「長崎ちゃんぽん」1,000円、「玄海御膳」1,500円とある。「ちゃんぽん」に食指が動くが、明日は長崎へ行くのだ、着いてから本場の味を楽しめばよい。そこで「玄海御膳」にした。内容は刺身（まぐろ、イカ、イクラ）、筑前煮、しっぽく風旨煮などで「おきうと」とみそ汁が付く。今ならデジカメかスマホで撮るところだ。ほかはハンバーグステーキ、ビーフシチュー、ポークヒレカツなど。当時、新幹線「ひかり」

にも食堂車がありメニューも豊富で賑わっていたが、それに比べるとお客も少なくメニューにも限りがあるのはやむを得ないだろう。すでに小田原を過ぎ、根府川、真鶴付近で夕暮れの海が迫っている。春の宵は長い。熱海を通過し、丹那トンネルに入ったあたりで自分の席へ戻る。トンネルを抜け静岡県内へ入ると日も暮れていた。乗車のほとんどない沼津を発車、この付近は直線が続き110km/hで走っているようだ。

## 静岡から名古屋へ疾走

　静岡は19時01分着で2分停車。多少の乗車はあったようだ。静岡駅はすでに高架化されていて、東京を1時間以上前に発車した113系の浜松行普通電車を追抜く。当時は東京から浜松までの「長距離普通電車」が走っていた。夜の東海道を西へ疾走。夜の闇が続くというわけでもなく、家々の灯が次々と流れ去る。シーツを広げ、カーテンを閉めて横になり、完全に自分だけの世界になり、いろいろなことが頭をよぎる。時計は20時近い。長崎行の最終ANA665便は羽田18時05分発で長崎着20時。今頃、着陸態勢に入っているだろう。そのような時代にあって寝台列車をあえて選ぶ意味はなんだろうか。一人になって「自分と向き合える」これも寝台列車の効用であろうが、それに価値を見出す人がどれだけいるだろうか。そんなことを考える。浜松を過ぎ、117系とすれ違い「名古屋圏」に入ったことを感じる。家々が増え名古屋が近づき、神宮前付近で名鉄の赤い電車5700系やパノラマカーとすれ違い、名古屋に来たことを実感する。名古屋21時07分着で3分停車。ホームへ降りるが、乗車は「ちらほら」といったところか。ホーム先端（上り方）の「きしめん」スタンドがにぎわっているが、3分停車では無理だ。

　名古屋発車後、車内を見て歩くが、食堂車は営業終了でウエイトレスがモップで床を拭いていた。2号車A寝台は乗客が3人だけ。3号車「カルテット」は乗っていたのは1部屋だけ。学校が休みの時期以外の利用は少ないようだ。B寝台も下段の半分くらいがカーテンで閉じられ、上段はほとんど空いていた。「たったこれだけ」というくらいの乗車率である。かつてのブルトレ全盛時代にはいつも満席で食堂車には行列ができていたのに。

## 京都、大阪を深夜に通過

　寝台に戻るが、まだ夜10時。寝るには早すぎるが横になる。いまなら持参のスマホで音楽を聴く、ゲームや動画を楽しむこともできるが、当時はそのような情報機器はなかった。携帯ラジオをイヤホーンで聴くことはできたが受信が不安定だった。寝台車は眠れるか？個人差もあろうが、筆者はレールファンなので、夜であっても通過する駅のたたずまいやすれ違う列車が気になってなかなか寝付けない。関ヶ原手前では気になって通路のブラインドを上げて新垂井経由の迂回線の景色をながめる。このあたりではスピードもやや鈍っていた。

　京都が近づく。びわ湖大橋の夜空に映える灯、夜の瀬田川を眺める。山科付近でEF81牽引の新潟行「つるぎ」、京都の手前でEF65 1000番台牽引の上り「銀河」と次々とすれ違う。京都は22時54分着で1分停車。数人の乗車があったようだ。通勤電車を待つ人は多く、まだ宵の口だ。

　ブラインドを少しあげて、関西の夜の景色を眺める。関西は雨で道が光っている。淀川を渡り大きくカーブし、583系の「きたぐに」とすれ違い大阪駅へ。3番線に23時24分定時到着で2分停車。東京から6時間44分、前年1986（昭和61）年11月改正で寝台特急の東海道・山陽線内はさらにスピードアップされ、最短は「みずほ」の6時間41分でかつての電車特急6時間30分に迫る「快挙」であるが、そんなことに関心をもつのはレールファンだけだろう。大阪ではベッドから抜け出しドアから顔をだしてホームを眺めるが、大阪からの乗車は10数人といったところか。ひとつおいた5番線から最終快速姫路行の湘南色113系電車が満員で発車し、それを追うように23時26分発車、3番線ホームにはなお待っている人がいる。次の「はやぶさ」（23時52分発）に乗るのだろう。尼崎付近で上り「瀬戸」、六甲道付近で「あさかぜ2号」とすれ違い、三宮ではマルーン色の阪急電車西宮北口行が走り去る。最終電車だろう。神戸はゆっくりと通過。

## 本州の西端、下関へ

　さすがに眠くなってきて、神戸過ぎたあたりで寝たようだ。岡山も広島も運転停車したはずだが気が付かな

かった。次に気が付いたのは5時ごろだが、すぐに寝たようで6時ごろに目が覚める。筆者の寝台車体験のなかでは「よく眠れた」方だ。これも余裕のある二段寝台の効用で、初めて幅52cm、3段式の20系寝台車に乗ったときは2〜3時間しか眠れなかったことを思い出した。ほどなく宇部に停車したが、車内や駅の案内放送もなく、すぐに発車。放送を早朝からやられると目を覚ましてしまうので、「サイレント停車」はありがたい。西日本の夜明けは遅く、夜はまだ明けきっていない。6時30分頃「おはようございます、「さくら」は定刻で走っております、あと10分ほどで下関に着きます」と案内放送が入る。家々の屋根の形から西へやって来たことを実感する。下関の手前付近で、小郡（現・新山口）駅の幕の内弁当と「かしわめし」の車内販売が回ってくる。食堂車に行くか考えたが、昨日のうらぶれた様子から敬遠することにし、筆者も「かしわめし」を購入。だが、今にして思うとやはり食堂車へ行き「朝定食」を食べるべきだった。貴重な体験の機会をみすみす逃したことは残念だ。後悔先に立たず。

下関6時44分着で4分停車。「九州内では列車発車時にベルが鳴りませんので、十分ご注意ください」と案内放送が入る。下関では牽引機交換があるが、レールファンたる者この儀式を見逃すわけにはいかない。列車先頭へ行き、東京から14時間、長駆1100kmを牽引してきたEF66から赤いEF81 400番台への交代を眺める。下関発車後まもなく、右側に大洋漁業のクジラの大きな看板が見え、下関運転所が広がりEF65、DD51、20系寝台車などが待機していた。ほどなく関門トンネルへ。1969年3月、急行「霧島・高千穂」で夜明け前に通過して以来、何度通ったことだろうか。

## 関門トンネルを抜けて九州へ

次の門司は6時56分着で6分停車。ふたたび機関車は交代しEF81からED76へ。いよいよ九州だ。迫りくる山々と西鉄北九州市内線の電車に工業都市北九州を感じる。すれ違う電車のJRマークはオレンジ。北九州、福岡は通勤通学時間帯にかかり、通過する各駅には多くの乗客が待っているが、そのど真ん中を「さくら」は走る。香椎機関区には色あせたDD51、DE10、ED76が並んでいるが、民営化で生じた余剰車両だろう。博多へ8時04分着で2分停車。ラッシュのピーク時にやって来る「殿様列車」だが、1994年12月改正から下り「さくら」は約1時間20分繰り下がり、博多付近で通勤電車が増

発されている。博多では「立席特急券」の乗客が列を作って待っていた。かなりの乗車がありそれまでの閑散とした車内は活気がでてきた。下関〜長崎間は「立席特急券」で乗れる。「企画乗車券、フリーきっぷ、周遊券では乗れません」「これらの切符の方は、改めて乗車券、特急券をお求めください」「立席特急券の方は空いている席におすわりください」と放送が繰り返される。

博多をでて南下、二日市付近ではベッドタウンの住宅が山裾まで広がっている。原田では筑豊本線の50系客車列車が停まり、機関車DD51が付替え作業中。原田構内には旧型客車やB寝台車オハネ12が留置されている。古い駅舎の鳥栖に8時32分着、2分停車。ここの名物はホームの立食いうどんだが、2分停車では無理だ。久大本線からのDE10牽引50系客車列車が到着していたが、客車にもオレンジのJRマークがつけられている。

## 曲がりくねった長崎本線

鳥栖から長崎本線へ入り、しばし佐賀平野を走る。速度は80〜90km/hが限度と思われ、昨夜の最高110km/hのなめらかな走りとは明らかに違う。高架化された佐賀では、先月（3月28日）に廃止された佐賀線の高架はそのままだがレールは一部外されていた。肥前山口で後半の佐世保行きが切り離されるが「お乗り間違いのないようご注意ください」の放送が繰り返される。どこの停車駅でも発車ベルは鳴らず静かに発車する。ここから単線になり、肥前鹿島を過ぎると有明海の海岸沿いに曲がりくねって走る。カーブが多く房総特急と同じような走り方でスピードはあがらない。「かもめ」とのすれ違いのための運転停車もある。多良〜肥前大浦間は深い入江になっていて一番奥に列車交換のための「里信号場」があり、湾を半周するような線形で、通って来た線路が湾の対岸に見える。曲がりくねった長崎本線を代表する光景だが、スピードアップの障壁でもある。

雲仙岳が有明海の対岸にそびえ、諫早へ。喜々津から1972年に開通した新線区間に入り、特急らしい走りになり、長いトンネルを抜けるとそこは長崎市内。10時40分、三角屋根の長崎駅に定刻到着。構内は広く車両基地が広がっている。駅前にでると、山の中腹まで家々が立ち並び、どことなく異国情緒が感じられ、長崎にやって来た感を深くする。

正午ごろ、今朝羽田をたち、ANAでやって来た2人と合流し、新地中華街で「ちゃんぽん」を食べ、出張先に向かった。（完）

# 第2章
# 「さくら」「みずほ」の記録

「さくら」のヘッドマークを付けたC11 192（早岐機関区）。1965（昭和40）年10月から「さくら」は編成の一部が佐世保まで延長された。鳥栖〜佐世保間はDD51牽引であったが、早岐〜佐世保間は向きが変わるため、C11が反対側に連結されヘッドマークも付き「C11特急」として話題になった。1968（昭和43）年10月改正時に姿を消したが、写真は翌1969年に早岐機関区の協力でヘッドマークを付けて撮影されたものである。
◎佐世保線　早岐　1969（昭和44）年6月14日　撮影：荒川好夫（RGG）

# 東海道本線

チョコレート色のEF58 87（宮原機関区）牽引で「つばめ」の３分後、９時03分に東京駅を発車する不定期特急「さくら」大阪行。客車は1957（昭和32）年夏の運転から「かもめ」から転用された一方向き座席のスハ44系になり、機関車次位はスハニ35。客車もチョコレート色のままである。◎東海道本線　東京　1957（昭和32）年７月28日　撮影：伊藤威信（RGG）

東京駅を出発する下り特急「みずほ」最後部の座席車ナハフ20。JTB時刻表1964（昭和39）年８月号では「みずほ」熊本編成は全車寝台車だが、大分編成は最後部14号車が２等座席車になっている。ドアが開いているが、20系は自動ドアでなく、ドア開閉は手動で走行中は電磁弁で一斉に鎖錠された。画面左側には新幹線の高架が完成している。
◎東海道本線　東京　1964（昭和39）年７月30日　撮影：荒川好夫（RGG）

東京駅12番線で発車を待つEF65 506（東京機関区）牽引の下り特急「みずほ」。当時、東京駅在来線ホームは13番線まであった。10番線（第５ホーム）と12番線（第６ホーム）の間には機関車付替えのための機回し線（11番線）があったが、11番線ホームはなく「まぼろしの東京駅11番線」といわれた。
◎東海道本線　東京　1978（昭和53）年５月　撮影：太田正行

東京駅7番線から品川客車区へ回送される「さくら」電源車カニ22の側面。バックは東京中央郵便局。
◎東海道本線　東京　1964（昭和39）年7月30日　撮影：荒川好夫（RGG）

東京～九州間寝台特急を全車寝台車とするために登場したナハネフ23形。基本編成の東京方に連結されるため貫通ドアがある。付属編成の東京方には非貫通のナハネフ22形が連結された。新製され品川客車区に回送された時の光景。
◎品川客車区　1964（昭和39）年7月30日
撮影：荒川好夫（RGG）

品川客車区で入れ換え中の「さくら」編成。東京機関区、品川客車区、田町電車区のある品川車両基地は現在では東京総合車両センター田町車両センターに集約され、付近一帯で再開発が進む。
◎品川客車区　1969（昭和44）年8月29日
撮影：荻原俊夫

EF65 1114（東京機関区）が牽引する下り特急「さくら」。1978（昭和53）年から79年にかけて「ブルートレイン撮影ブーム」が到来し、駅や沿線は小中学生を含む多くの若いファンでにぎわった。この近くの線路沿いには史跡「大森貝塚」の碑がある。
◎東海道本線　大井町～大森　1979（昭和54）年8月　撮影：太田正行

EF58 48（東京機関区）が牽引する上り特急「みずほ」。急行用客車の寄せ集めで上り方には固定座席のスハフ42、スハ43が連結され特急らしくないとして不評だった。バックに「純喫茶ロマンスカー」があるが、いわゆる「同伴喫茶」で特急こだまや小田急ロマンスカーのように2人掛けのロマンスシートが並んでいた。
◎東海道本線　大井町　1961（昭和36）年10月29日　撮影：林 嶢

特急「みずほ」の最後部は急行用のスハフ42形。窮屈な向い合せ座席だが、これでも特急料金は東京〜熊本間1000円、東京〜博多間800円（急行料金はいずれも300円）で20系と格差がありすぎた。右上に「大丸」の看板が見えるが、いわゆる月賦百貨店で東京駅八重洲口の大丸（関西の老舗百貨店）とは無関係。
◎東海道本線　大井町　1961（昭和36）年10月29日　撮影：林 嶢

日の長い6月の夕方を走るEF65 1116（東京機関区）が牽引する下り特急「さくら」。このあたりは大田区の住宅と工場が混在する地域でアパートと町工場が多い。◎東海道本線　蒲田〜川崎　1979（昭和54）6月19日　撮影：太田正行

EF66 54（下関運転所）が牽引する上り特急「みずほ」。左側はクハ103系（ATC対応の高運転台車）の快速大宮行。1988（昭和63）年3月改正時から京浜東北線はデイタイムに田端～田町間で快速運転を開始し、途中停車駅は上野、秋葉原、東京だった。
◎東海道本線　東神奈川　1992（平成4）年2月　撮影：太田正行

カニ22を最後部にした上り特急「さくら」。当時の東京～九州間寝台特急は14両編成（電源車含む）で1963（昭和38）年12月下旬から15両編成化された。手前の2線は当時は東海道貨物線だったが、1980（昭和55）年10月から横須賀線に転用された。相模鉄道の西横浜駅ホームからの撮影で、左側に相鉄6000系の海老名行が見える。
◎東海道本線　保土ケ谷～横浜　1963（昭和38）年10月　撮影：諸河　久

カニ22を最後部にした上りさくら。カニ22の前にはナロネ22、ナロ20の順。
◎東海道本線　戸塚〜保土ケ谷　1963（昭和38）年12月8日　撮影：林 嶢

上り特急「みずほ」の最後部電源車カニ22。パンタグラフが上がっていて電車のようである。
◎東海道本線戸塚〜保土ヶ谷　1963（昭和38）年12月8日　撮影：林 嶢

EF60 502（東京機関区）が牽引する上り20系特急「みずほ」東京～九州間寝台特急は12月上旬から順次EF60形500番台になった。右側には東海道貨物線が平行。◎東海道本線　戸塚～保土ヶ谷　1963（昭和38）年12月8日　撮影：林　嶬

横浜市内でありながらのどかな風景が広がっていた戸塚～保土ヶ谷間を行くEF65 535（東京機関区）牽引の上り特急「みずほ」。戸塚～保土ヶ谷間は駅間距離が9.1kmで首都圏では異例の長さだったが、1980（昭和55）年10月改正時にこの付近の南側に東戸塚駅が開設され、宅地開発が進み風景は一変している。
◎東海道本線　戸塚～保土ヶ谷　1976（昭和51）年3月21日　撮影：太田正行

EF58 143（宮原機関区）牽引の上り20系特急「さくら」。機関車次位は貫通型のナハフ21。画面右側には東海道貨物線の架線柱が見える。現在は横須賀線、湘南新宿ラインが使用している。
◎東海道本線　戸塚〜保土ケ谷　1963（昭和38）年12月8日　撮影：林 嶢

大船駅北側の「大船の入口」ともいうべき有名な大カーブを行くEF58 148（東京機関区）が牽引する下り20系特急「さくら」。電源車はカニ22でパンタグラフが4個並び壮観である。その後にナロネ22、ナロ20、ナシ20と続く。画面左側に付近の工場への専用線が見える。
◎東海道本線　戸塚～大船
1962（昭和37）年8月4日
撮影：宮地 元

EF58 123（東京機関区）が牽引する下り特急「さくら」。機関車次位は電源車カニ22で4個のパンタグラフが続く光景は壮観であった。カニ22は直流電化区間では架線から集電し電動発電機で車内サービス電源に変換し、交流電化区間と非電化区間ではディーゼル発電機で車内サービス電源を発電したが、車体重量が重すぎることが難点だった。
◎東海道本線　戸塚～大船　1963（昭和38）年8月　撮影：篠崎隆一

戸塚〜大船間のカーブを行くEF60 511（東京機関区）が牽引する下り特急「さくら」。1963（昭和38）年12月から東京〜広島間の寝台特急牽引機はEF58からEF60形500番台になった。これにより上り列車の広島〜八本松間のD52形補機が廃止され、同時に牽引力の余裕を生かし15両編成化された。左端に工場への引込線が見える。
◎東海道本線　戸塚〜大船　1964（昭和39）年5月　撮影：篠崎隆一

電源車カニ22を最後部にした上り特急「みずほ」。電源車の前はナロネ22で後部8両は熊本発の基本編成。「みずほ」20系化
当初の1等寝台は基本編成（熊本発着）がナロネ22（1等B寝台と1人用個室寝台）、付属編成（大分発着）がナロネ21（1等B寝
台）であった。「みずほ」基本編成のナロネ22は1963（昭和38）年12月下旬の15両編成化時にナロネ21となった。
◎東海道本線　大船〜戸塚　1963（昭和38）年12月　撮影：諸河 久

戸塚南方（大船方）カーブを行くEF60
形500番台牽引の上り特急「みずほ」。
東京〜広島間牽引機がEF58からEF60
形500番台に代わった頃の姿。機関車
次位は座席車ナハフ20で前6両（付属
編成）は大分発、後半の8両（基本編成）
は熊本発。
◎東海道本線　大船〜戸塚
1963（昭和38）年12月
撮影：諸河 久

上り特急さくらの最後部電源車カ
ニ22。パンタグラフを上げて、電
動発電機の電源を架線から取って
いる。カニ22の前はナロネ22、ナ
ロ20の順である。左奥に戸塚駅が
見える。この区間が複々線（4線）
だった時代で、左の2線は貨物線で
ある。
◎東海道本線　大船〜戸塚
1963（昭和38）年12月
撮影：諸河 久

戸塚南方（大船方）カーブでのEF58 149（宮原機関区）牽引の上り特急「さくら」と下り横須賀線（最後部はクハ76）のすれ違い。
機関車次位は座席車ナハフ20。当時、東海道本線と横須賀線は東京〜大船間で線路を共用し、保土ケ谷、戸塚は横須賀線の電
車だけが停車した。写真左側に江ノ電（江ノ島鎌倉観光）の路線バスが見える。
◎東海道本線　大船〜戸塚　1963（昭和38）年12月　撮影：諸河 久

チョコレート色のEF58 102（東京機関区）が牽引する上り特急「みずほ」。ヘッドマークはあるが、編成は急行とたいして変わらなかった。「みずほ」のEF58は東京機関区の受け持ちだった。右側は田園で60年前の景色が広がる。戸塚〜大船間は柏尾川沿いの田園風景が続いて春は桜が咲き、大船が近づくと住友電工などの工場が見えてきた。
◎東海道本線　大船〜戸塚　1962（昭和37）年8月4日　撮影：宮地 元

スハフ43を最後部にした上り特急「みずほ」。このスハフ43はオリジナルタイプではなく、スハ44を緩急車に改造した車両で車掌室がデッキの内側にある。「みずほ」は非冷房のため1962（昭和37）年夏は特急料金の割引措置（2等100円、1等220円）がとられた。画面後方は戸塚駅。駅周辺は昔ながらの家並みで開発は進んでいない。
◎東海道本線　大船〜戸塚
1962（昭和37）年8月4日
撮影：宮地 元

戸塚に近づくEF58牽引の上り20系特急「さくら」◎東海道本線　大船〜戸塚　1962（昭和37）年8月4日　撮影：宮地 元

EF58 114（東京機関区）が牽引する
上り特急「みずほ」、20系化される10
日前に撮影。機関車の次が一方向き2
人掛座席のスハフ43。左側が大船電
車区で113系と横須賀線70系が滞泊。
70系の1等は湘南形80系のサロ85。
◎東海道本線　藤沢〜大船
1963（昭和38）年5月22日
撮影：林 嶢

上り特急「みずほ」の最後部スハフ43。このスハフ43はオリジナルタイプではなく、スハ44を緩急車に改造した車両で車掌
室がデッキの内側にある。バックサイン付き。その前はオロネ10、ナロ10、食堂車オシ17の順。1等寝台以外は非冷房のため、
1962（昭和37）年夏は特急料金を2等100円、1等220円割り引いた。
◎東海道本線　藤沢〜大船　1963（昭和38）年5月22日　撮影：林 嶢

上り20系特急「さくら」の最後部カニ22形。直流電化区間のためパンタグラフが上がっている。右側は大船電車区（現・鎌倉車両センター）の留置線で前年1962（昭和37）年に新製配置された111系電車が滞泊している。
◎東海道本線　藤沢～大船　1963（昭和38）年5月22日　撮影：林 嶢

湘南地区を走るEF58 101（宮原機関区）牽引の上り20系特急「さくら」。機関車次位は座席車ナハフ20。左側は大船電車区（現・鎌倉車両センター）の留置線。画面右側には武田薬品の研究所が建設中。現在は湘南ヘルスイノベーションパークになっている。
◎東海道本線　藤沢〜大船
1963（昭和38）年5月22日
撮影：林　嶢

上り特急「さくら」の14系寝台車。バックサインが文字だけだった時代の姿。
◎東海道本線　二宮〜大磯　1973（昭和48）年6月　撮影：山田　亮

EF65 536（東京機関区）が牽引する上り特急「さくら」。撮影当時、平塚〜小田原間は複線だったが、1979（昭和54）年10月に複々線化され旅客と貨物が分離された。◎東海道本線　二宮〜大磯　1973（昭和48）年6月　撮影：山田 亮

二宮〜大磯間の築堤を行くEF65 500番台牽引のトリ特急「みずほ」。平塚〜小田原間は当時は複線で線路容量がひっ迫していたが、1979（昭和54）年10月に複々線化された。◎東海道本線　二宮〜大磯　1973（昭和48）年6月　撮影：山田 亮

複々線化の完成した平塚〜小田原間を行くEF65 1100（東京機関区）が牽引する上り特急「さくら」。線路別複々線で手前2線が旅客線、後方の2線が貨物線。◎東海道本線　国府津〜二宮　1979（昭和54）年10月　撮影：山田 亮

「みずほ」の14系寝台車。この年の7月からバックサインが絵入りになった。
◎東海道本線　国府津〜二宮　1979（昭和54）年10月　撮影：山田 亮

EF65 1112（東京機関区）牽引の上り特急「さくら」◎東海道本線　国府津〜二宮　1979（昭和54）年10月　撮影：山田 亮

「さくら」の14系寝台車。「みずほ」同様バックサインが絵入りになった。
◎東海道本線　国府津〜二宮　1979（昭和54）年10月　撮影：山田 亮

20系客車と同じ青色塗装のEF58 97（宮原機関区）が牽引する上り20系特急「さくら」。機関車次位は座席車ナハフ20形。2等座席車は「こだま」と同じく進行方向に向いた2人掛け座席。国府津構内の東京方で、右側には御殿場線の客車が留置されている。◎東海道本線　国府津　1962（昭和37）年5月3日　撮影：林 嶢

小田原を通過するEF58 115（東京機関区）牽引の上り20系特急「さくら」、先頭のEF58 115は20系客車と同じ青色塗装で後に「ブルトレ塗装」と呼ばれた。画面右側に小田急線のホームが見える。
◎東海道本線　小田原　1961（昭和36）年5月28日　撮影：林 嶢

小田原を通過する上り20系特急「さくら」最後部はカニ22でパンタグラフが上がっている。画面左に小田急の架線柱が写っている。◎東海道本線　小田原　1961（昭和36）年5月28日　撮影：林 嶢

みかん畑をバックに走るEF65 500番台牽引の上り特急「さくら」。1978（昭和53）年夏から東海道本線・山陽本線での寝台特急牽引機はEF65 500番台（P形）からEF65 1000番台（PF形）に交代した。
◎東海道本線　根府川〜早川　1978（昭和53）年7月15日　撮影：太田正行

撮影名所根府川鉄橋を渡るEF65 542（東京機関区）牽引の上り特急「さくら」。この鉄橋は後に防風柵が設けられ撮影は困難になった。写真右側に新幹線が平行している。◎東海道本線　真鶴〜根府川　1978（昭和53）年1月6日　撮影：太田正行

撮影名所根府川鉄橋を渡るEF66 55（下関運転所）が牽引の上り特急「みずほ」。この鉄橋は後に防風柵が設けられた。◎東海道本線　真鶴〜根府川　1986（昭和61）年8月8日　撮影：太田正行

根府川鉄橋を渡る上り特急「みずほ」の14系寝台車。最後部がスハネフ14。2両目が開放式（プルマン式）A寝台車オロネ14。1979（昭和54）年7月から寝台特急の最後部バックサインが絵入りとなり、折からのブルートレインブームとあいまってイメージアップに貢献した。
◎東海道本線　真鶴〜根府川
1980（昭和55）年6月
撮影：太田正行

春浅い２月を走るEF65 1112（東京機関区）牽引の上り特急「さくら」
◎東海道本線　真鶴～根府川　1979（昭和54）年２月12日　撮影：太田正行

大カーブをゆくEF66 40（下関運転所）
が牽引する上り特急「さくら」。1985
（昭和60）年３月改正時から東海道・
山陽本線東京～下関間を直通する寝台
特急の牽引機はEF65 1000番台から
最強の高速貨物用EF66となり、ファン
の夢が実現した形となった。
◎東海道本線　湯河原～真鶴
1988（昭和63）年５月３日
撮影：太田正行

熱海に到着するEF66 40（下関運転所）が牽引する上り特急「みずほ」。
◎東海道本線　熱海　1992（平成4）年4月　撮影：太田正行

ＥＦ66 45（下関運転所）が牽引する上り特急「さくら」。
◎東海道本線　三島〜函南　1990（平成元）年12月8日　撮影：太田正行

ＥＦ66 47（下関運転所）が牽引する上り特急「みずほ」。「みずほ」は東京～九州間寝台特急では地味な存在で、1994（平成６）年12月改正時に廃止された。◎東海道本線　三島～函南　1992（平成４）年12月13日　撮影：太田正行

三島を通過し緩やかな勾配を登るEF66牽引の上り特急「みずほ」。背後に三島の街が見える。
◎東海道本線　三島～函南
1990（平成２）年５月　撮影：安田就視

三島～函南間有名撮影地「竹倉」付近を行くEF65 500番台牽引の上り特急「みずほ」。竹倉は「富士山バック」で有名な撮影地で撮り鉄が集まったが、撮影当日は曇りで富士山はよく見えなかった。
◎東海道本線　三島～函南　1978（昭和53）年6月　撮影：安田就視

チョコレート色のEF58 126（宮原機関区）が牽引する不定期特急「さくら」大阪行。客車はスハ44系で機関車次位はスハニ35。客車の色は「つばめ」「はと」と同様のグリーンになり「青大将」とよばれた。ここは由比〜興津間「さった峠」で富士山が上り列車から右側に見える「右富士」の場所として知られる。画面右は国道1号線で東名自動車道はまだない。
◎東海道本線　由比〜興津　1957〜1958年　RGG（国鉄広報部）

EF65 535（東京機関区）が牽引する上り特急「さくら」。手前の2線は静岡鉄道で狐ヶ崎ヤングランド前（現・狐ヶ崎）〜桜橋間は直線で東海道本線に平行し複々線のように見える。1950（昭和25）年3月27日、この付近で貨物列車が脱線したため、平行する静岡鉄道の線路に国鉄の列車を通して復旧作業を行った。そのため静岡鉄道は狐ヶ崎ヤングランド前（現・狐ヶ崎）〜新清水間で運休した。◎草薙〜清水　1970（昭和45）年5月2日　撮影：J.WALLY HIGGINS（NRA）

茶畑を行くEF66牽引の上り特急「さ
くら」。上りの「さくら」「みずほ」は
静岡県内が撮影時間帯にかかり「茶畑
とブルートレイン」を撮影できた。
◎東海道本線　菊川〜金谷
1987（昭和50）年５月
撮影：安田就視

EF65 1114（東京機関区）牽引の上り14系特急「さくら」浜松〜静岡間のほぼ中間地点を走り抜ける。
◎東海道本線　掛川〜菊川　1980（昭和55）年５月18日　撮影：林 嶢

掛川〜菊川間の短いトンネルを出る EF65 牽引の上り特急「みずほ」
◎東海道本線　掛川〜菊川　1980（昭和55）年5月18日　撮影：林 嶢

浜名湖 今切口にかかる弁天島鉄橋を
渡るＥＦ66牽引の上り特急「さくら」。
上り「さくら」は東京着が11時台で名
古屋から東京まで４時間30分にわたり
在来線の景色を楽しめたが新幹線との
時間差がありすぎ、下段寝台にそのま
ま座るため快適とはいえなかった。
◎東海道本線　新居町〜弁天島
1980（昭和55）年８月
撮影：山田 亮

EF65 508（東京機関区）が牽引する上り特急「みずほ」。EF65 500番台（Ｐ形）としては最後の活躍でほどなくEF65 1000番
台（PF形）に置き換えられた。この区間は東海道本線と飯田線・名古屋鉄道名古屋本線が平行している。
◎東海道本線　西小坂井〜豊橋　1978（昭和53）年７月　撮影：山田 亮

豊橋付近を走る上り「みずほ」の14系寝台車。◎東海道本線　西小坂井〜豊橋　1978（昭和53）年7月　撮影：山田 亮

EF58 66（東京機関区）が牽引する上り特急「みずほ」、急行用客車で機関車の次はスハフ43。「みずほ」は1962（昭和37）年時点では名古屋発6時44分のため、蒲郡通過は7時25分頃。線路内を通勤者が歩いているが今では考えられないことで、現在なら列車は非常停車だろう。写真の左側に名古屋鉄道蒲郡線の線路が見える。
◎蒲郡　1962（昭和37）年7月29日　撮影：神谷静治（NRA）

EF65 509（東京機関区）牽引で早朝の熱田を通過する上り特急「さくら」。熱田は貨物取扱い駅で左側に貨物ホームが見える。
名古屋鉄道の神宮前駅が隣接し、熱田で名鉄と貨車の受け渡しを行っていたため構内が広い。「さくら」は名古屋発6時38分
で熱田通過は6時41分頃のため5～7月は撮影が可能。車内では7時頃から寝台の解体作業が始まる。
◎熱田　1970（昭和45）年6月　撮影：服部重敬（NRA）

EF58 139（宮原機関区）が牽引する上り特急「さくら」。機関車の次位は座席車ナハフ20。名古屋駅4番線停車中で右に名古屋駅舎が見える。1937（昭和12）年に建設され、当時東洋一の駅舎といわれ名古屋鉄道管理局（名鉄局）の庁舎を兼ねていた。1、2番線ホームに7時45分名古屋発の特急「おおとり」東京行き151系電車が待機している。
◎東海道本線　名古屋　1962（昭和37）年7月　撮影：篠崎隆一

臨時特急「さくら」は1955（昭和30）年３月から東京～大阪間にふたたび臨時特急として運転が開始された。C59 9（宮原機関区）が大阪～名古屋間を牽引する上り特急「さくら」。客車は急行用のスハ43系。1955年７月の稲沢～米原間の電化を控え、すでに架線が張られている。この付近は繊維工場が多い。
◎尾張一宮
1955（昭和30）年４月
撮影：神谷静治（NRA）

早朝の関ヶ原を越えるEF65 1110牽引の上り特急「みずほ」、フィルムカメラ（銀塩写真）の時代は、夜明けの早い時期（5〜7月）の晴れの日を狙い、高感度フィルムならば撮影できた。「みずほ」は岐阜停車5時38分着のため、関ヶ原通過は5時15分頃である。◎柏原〜関ケ原　1982（昭和57）年6月5日　撮影：服部重敬（NRA）

# 山陽本線

「みずほ」のヘッドマークを付け広島運転所で待機するＥＦ58 101（宮原機関区）。右側はＣ59 162（下関機関区）。1962（昭和37）年６月の広島電化で東京～九州間寝台特急は東京～広島間直通運転になったが、上り列車は瀬野～八本松間急勾配のため、広島からＤ52の補機を連結し、八本松で走行中解放を行った。
◎広島運転所　1963（昭和38）年７月26日　撮影：荒川好夫（RGG）

全線電化を控えポールが立ちつつある山陽西部を行くC62 28（広島運転所）牽引の下り「みずほ」ヘッドマークはないが電源
車カニ22の次が１等B寝台車ナロネ21のため「みずほ」とわかる。20系寝台特急は前年12月から15両化された。
◎山陽本線　戸田〜富海　1964（昭和39）年３月２日　撮影：林 嶢

山陽本線西部を下関に近づくEF65 511（東京機関区）牽引の下り特急「さくら」。1974年頃から全国的に寝台特急のヘッドマークは外されたが、東海道本線・山陽本線のEF65 牽引寝台特急はヘッドマークが守られ、特急の象徴として大切にされていた。宇部〜厚狭間は美祢線から宇部線への石灰石列車のため3線となっていた。
◎山陽本線　小野田〜厚狭　1977（昭和52）年7月28日　撮影：太田正行

下関に到着したC62 6（広島運転所）が牽引する下り特急「さくら」、電源車カニ22のパンタグラフは下りている。ここで
EF30に交代する。山陽本線広島〜小郡（現・新山口）間の電化は1964（昭和39）年7月25日に完成し、この日から一部の列車
が電気機関車牽引となり左側にEF58が見える。1964年10月1日のダイヤ改正から広島〜下関間の全列車が電気機関車牽引
となった（一部のローカル列車、貨物列車を除く）。◎下関　1964（昭和39）年8月4日　撮影・藤井敏明（NRA）

本州の西端、下関機関区の給
炭台付近で待機する「さくら」
のヘッドマークを付けたC62
17（下関機関区）。左に8620
形が見える。このC62 17は
1954（昭和29）年12月、木曽
川鉄橋上で蒸気機関車の狭軌
世界最高速度129km/hを記録
し、現在は名古屋のリニア鉄
道館で保存されている。
◎下関機関区
1962（昭和37）年7月15日
撮影：林 嶢

# 寝台車の車内風景

B寝台車ナハネ20の車内（特急出雲）、中段寝台が折りたたまれている。終着駅到着時に車掌が車内を巡回している。20系寝台車は走行中に手作業で寝台のセット、解体を行った（走行時間の短い列車を除く）。20系2等寝台車（→B寝台車）は寝台幅52cmで1967〜68年に電車寝台（寝台幅は上中段70cm、下段106cm）が登場するとその狭さが問題視された。
◎1972（昭和47）年8月19日　撮影：白井朝子（RGG）

B寝台車ナハネ20で検札を行う専務車掌（特急出雲）。寝台がセットされる前は下段寝台に3人掛で座った。19時頃から寝台のセットが始まった。19時以降発車する東京発寝台特急は車両基地で寝台のセットを行っていた。
◎1972（昭和47）年8月18日　撮影：白井朝子（RGG）

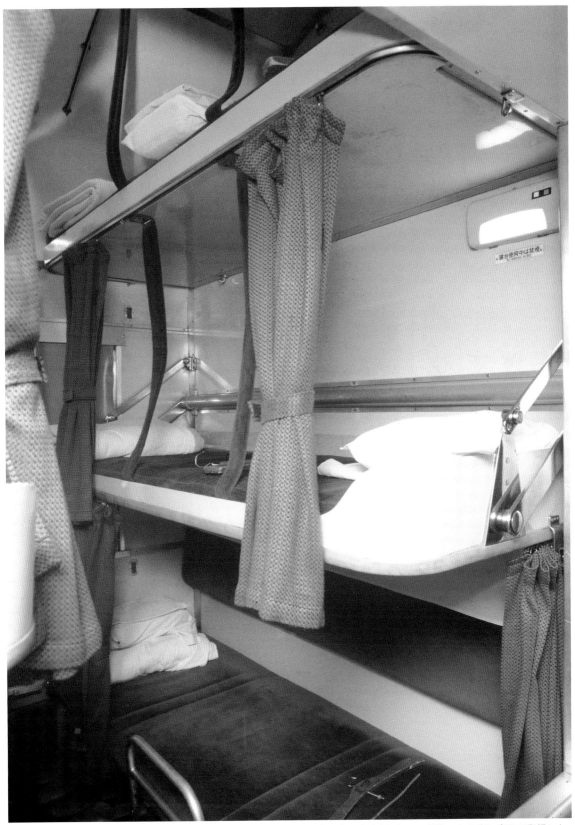

寝台幅を70cmに広げた3段式B寝台車オハネ14形。従来の20系B寝台車の寝台幅52cmでは狭いとの声に応えて登場した。1972（昭和47）年3月から「さくら」「みずほ」「下りあさかぜ2号」「上りあさかぜ3号」に投入され、寝台のセット、解体作業を自動化するため、中段寝台の上昇、下降が自動化された。◎1984（昭和59）年5月16日　撮影：森嶋孝司（RGG）

「みずほ」食堂車オシ14の朝食風景（山陽本線内）、朝食時間は原則として朝定食（和朝食と洋朝食）だけであった。当時、寝台列車の乗客の３分の１が食堂車を利用した。◎1973（昭和48）年１月20日　撮影：荒川好夫（RGG）

「みずほ」食堂車オシ14の調理室。発車前の仕込み風景。◎1973（昭和48）年1月19日　撮影：荒川好夫（RGG）

「みずほ」食堂車オシ14の調理室での仕込み風景。海老をさばいているところ。エビフライは人気メニューだった。
◎1974（昭和49）年1月19日　撮影：荒川好夫（RGG）

# 鹿児島本線

九州の玄関口門司に到着するEF30 2（門司機関区）牽引の下り特急「みずほ」、機関車次位の電源車カニ22は交流電化区間および非電化区間ではパンタグラフを下ろしている。当時EF30は特急牽引時でもヘッドマークは付かなかった。カニ22の次の1等寝台はナロネ21になっている。関門トンネルを抜けると山が圧倒するように迫り北九州の第一印象になっている。
◎鹿児島本線　門司
1964（昭和39）年3月
撮影：篠崎隆一

門司駅で熊本編成と分割されたDF50 555（大分運転所）牽引の大分行付属編成。機関車次位は簡易電源車マヤ20形。「みずほ」の門司〜大分間はDF50形ディーゼル機関車が牽引したが、日豊本線内ではヘッドマークがなかった。
◎鹿児島本線　門司　1964（昭和39）年3月　撮影：篠崎隆一

ED73 14（門司機関区）牽引で門司を出発する「みずほ」熊本行基本編成。機関車次位は電源車カニ22であるが、パンタグラフを下ろしている。カニ22は直流電化区間ではパンタグラフを上げて架線から集電し、電動発電機で車内サービス電源に変換した。◎鹿児島本線　門司　1964（昭和39）年３月　撮影：篠崎隆一

日豊本線を行くDF50 552（大分運転所）牽引の下り「みずほ」。機関車次位は簡易電源車マヤ20形。「みずほ」は1963（昭和38）年６月から20系客車になり、付属編成が門司で分割され大分発着になった。日豊本線内はDF50が牽引したが、ヘッドマークは取付けられなかった。◎日豊本線　下曽根～朽網　1963（昭和38）年７月25日　撮影：荒川好夫（RGG）

C59牽引上り「さくら」の通過待ちを
する芦屋線の列車。8620がオハフ61
を1両牽引する。芦屋線は米軍芦屋基
地への専用線として1947（昭和22）年
3月に開通。1950（昭和25）年2月か
ら一般営業が始まったが、全国版時刻表
にでていない「まぼろしの鉄道」だった。
1961（昭和36）年6月1日付で廃止。
◎芦屋線　遠賀川〜筑前芦屋
1961（昭和36）年3月2日
撮影：宮地 元

ED75 1000番台が牽引する下り特急
「さくら」。「さくら」は「みずほ」とと
もに1972（昭和47）年3月から14系寝
台車になった。手前の非電化の線路は
香椎線で写真右上方向が西戸崎方面で
ある。
◎鹿児島本線　香椎
1975（昭和50）年8月
撮影：山田 亮

「さくら」を博多〜長崎間で牽引したC61 14（鹿児島機関区）、1961（昭和36）年頃には鹿児島のC61が「さくら」を牽いて長崎まで入った。旧博多駅構内で待機、1963（昭和38）年12月に博多駅は現在地へ移転した。
◎鹿児島本線　博多　1961（昭和36）年8月9日　撮影：荻原二郎

博多駅を発車する下り「さくら」基本編成最後部のナハフ21は貫通型で車両限界一杯の屋根高さで独特の形状。左は「はやぶさ」牽引の鹿児島機関区のC61 31。◎鹿児島本線　博多　1963（昭和38）年1月19日　撮影：荻原二郎

移転後間もない博多駅8番線に到着したED73 11（門司機関区）が牽引する下り特急「みずほ」。当時の鹿児島本線内牽引機は門司～博多間がED72またはED73、博多～熊本間がC59だった。博多駅は1963（昭和38）年12月に現在の場所に移転しホームが4面8線あった。駅移転当時は周辺に空地が多く開発途上の風情である。
◎鹿児島本線　博多　1964（昭和39）年3月　撮影：篠崎隆一

ED76 70（大分運転所）が牽引する下り特急「さくら」。九州内のヘッドマークは1984（昭和59）年2月改正時から復活した。右側では421系の普通電車が「さくら」を待避している。原田は構内が広く、午前中は光線状態も良く撮影に絶好だった。
◎鹿児島本線　原田　1990（平成2）年9月　撮影：山田 亮

原田を通過するED76 93（大分運転所）牽引の下り特急「みずほ」。原田は筑豊本線との分岐駅で写真には入っていないが右側
には筑豊本線の単線が延びている。「みずほ」B寝台は小野田～熊本・長崎間で立席特急券で乗車でき、A寝台は小野田～熊
本間で特急券とグリーン券で乗車できた。◎鹿児島本線　原田　1990（平成2）年9月　撮影：山田 亮

ED72 18（門司機関区）が牽引する上り特急「みずほ」。鳥栖から14両編成で東京へ向かう。画面右側後方に見える道路橋の
南側には1989（平成元）年3月に天拝山駅が開設された。
◎鹿児島本線　原田～二日市　1977（昭和52）年7月　撮影：山田 亮

原田を通過する下り特急「さくら」の最後部スハネフ14。「さくら」のB寝台は下関〜長崎・佐世保間で立席特急券で乗車でき、A寝台は下関〜長崎間で特急券とグリーン券で乗車できた。
◎鹿児島本線　原田　1990（平成2）年9月　撮影：山田 亮

現在の天拝山駅の北側を行く上り特急「みずほ」の14系寝台車。1976（昭和51）年10月から「はやぶさ」「富士」のB寝台は2段式となったが、「みずほ」「さくら」のB寝台は3段式のままであった。
◎鹿児島本線　原田〜二日市　1977（昭和52）年7月　撮影：山田 亮

田原坂の勾配を上るC59 31（熊本機関区）が牽引する下り特急「みずほ」。「みずほ」の熊本編成は博多〜熊本間でC59が牽引した。「みずほ」は1963（昭和38）年12月から翌年9月まで熊本発着の基本編成は9両（電源車含む）で、「さくら」「はやぶさ」の基本編成8両（電源車含む）より1両多かった。◎鹿児島本線　木葉〜田原坂　1964（昭和39）年5月　撮影：村樫四郎

西南戦争の激戦地、田原坂の築堤を行くED76牽引の下り特急「みずほ」。付近はみかん畑である。
◎鹿児島本線　木葉～田原坂　1992（平成４）年10月　撮影：安田就視

ED73 1000番台が牽引する下り特急「みずほ」。「みずほ」は1975（昭和50）年3月改正時から編成の一部が長崎発着となり、鳥栖以遠は基本編成8両となって熊本へ直通した。1974年頃から約10年間、東海道・山陽本線以外の寝台特急はヘッドマークがなく精彩がない。
◎鹿児島本線　肥後伊倉～木葉
1975（昭和50）年8月
撮影：山田 亮

田原坂を行くED73 1000番台が牽引する下り特急「みずほ」。1968（昭和43）年10月改正以降、20系客車牽引のため九州内の寝台特急牽引電機はAREBブレーキ（電磁直通ブレーキ）を装備したED73 1000番台となった（日豊線を除く）。1972（昭和47）年3月の14系化以降もED73 1000番台が引き続き牽引した。
◎鹿児島本線　木葉～田原坂
1975（昭和50）年8月
撮影：山田 亮

田原坂付近を行くC59牽引の下り特急「みずほ」1965（昭和40）年10月の熊本電化までは博多〜熊本間はC59が牽引した。
◎鹿児島本線　植木〜木葉　1964（昭和39）年3月10日　撮影：林 嶢

C59 121（熊本機関区）が牽引する上り特急「みずほ」◎鹿児島本線　上熊本　1964（昭和39）年3月7日　撮影：林 嶢

# 長崎本線

佐賀平野を走るED76牽引の下り特急
「さくら」。14系寝台車13両のフル編
成で、食堂車オシ14も営業していた。
手前の田は黄金に実り、取入れ間近で
ある。
◎長崎本線　神埼〜伊賀屋
1986（昭和61）年11月
撮影：安田就視

C57 155（鳥栖機関区）牽引で佐賀に到着した上り20系特急「さく
ら」、当時の佐賀駅は地平で木造駅舎だった。高校生が機関車を興味
深く眺めている。1957（昭和32）年10月に運転開始された「さち
かぜ」は博多〜長崎間がC57牽引で、「さくら」と改称された後の
1960（昭和35）年6月改正から博多〜長崎間がC60牽引となった。
◎長崎本線　佐賀　1960（昭和35）年3月20日　撮影：宮地 元

肥前山口で長崎行と佐世保行に分割されるDD51牽引下り特
急「さくら」。1965（昭和40）年10月ダイヤ改正時から「さ
くら」の長崎、佐世保線内はDD51牽引となった。この改正
時から基本編成が佐世保行、付属編成が長崎行となったが、
長崎からの反発が強く翌1966（昭和41）年10月から基本編
成が長崎行、付属編成が佐世保行となった。肥前山口で分割
された付属編成には電源車マヤ20が連結された。マヤ20は
旧型客車（オハシ30、スハ32）を改造した。
◎長崎本線　肥前山口　1966（昭和41）年3月4日
撮影：髙井薫平

桜満開の長崎本線を行くED76牽引の
下り特急「さくら」。2022年秋の長崎
新幹線（正式名称は西九州新幹線）武雄
温泉〜長崎間開業後はこの区間を含む
肥前浜〜諫早間は電化設備が撤去され
る予定である。写真右奥の学校は鹿島
市立七浦小学校である。
◎長崎本線　肥前七浦〜肥前飯田
1994（平成6）年4月
撮影：安田就視

132

肥前山口を発車するED76牽引の下り特急「みずほ」。1984（昭和59）年2月改正では貨物列車の大幅削減、操車場廃止、貨車集結輸送廃止が行われたが、この改正で九州内寝台特急のヘッドマークが復活し、「みずほ」のマークも新調された。「減量経営」一色のなかで明るい話題だった。
◎長崎本線　肥前山口
1984（昭和59）年3月
撮影：安田就視

有明海に沿って走るDD51牽引の下
り特急「みずほ」。有明海沿いのこの
区間はカーブが多くスピードがでず、
ゆっくりと走った。国道207号が平行
し、佐賀県を営業エリアとする祐徳バ
スが併走している。
◎長崎本線　多良〜肥前大浦
1975（昭和50）年8月
撮影：山田 亮

1976（昭和51）年の長崎本線電化後は
「さくら」はED76が門司から長崎まで
直通で牽引した。ED76牽引で長崎本
線多良〜肥前大浦間、波瀬の浦に入江
に架かる鉄橋を走る下り特急「さくら」。
◎長崎本線　多良〜肥前大浦
1986（昭和61）年8月
撮影：安田就視

みかん山から見下ろした大村湾に沿って走るC57牽引の下り特急「さくら」。この付近（通称：長与線と呼ばれる旧線区間）は
随一の撮影スポットといえる。◎長崎本線　喜々津〜大草　1960（昭和35）年３月20日　撮影：宮地 元

大村湾に沿って長崎へ最後の力走をするＣ60 38（鳥栖機関区）牽引の下り20系特急「さくら」。機関車次位はカニ22で、非電化区間のためパンタグラフが降りている。列車の右側に東園の信号機があり、進行現示になっている。牽引機Ｃ60 38は盛岡機関区から鳥栖機関区へ転属して間もなかった。◎長崎本線　喜々津～大草　1964（昭和39）年３月11日　林　嶬

C60 26（鳥栖機関区）牽引で大村湾に沿って走る上り特急「さくら」。機関車の次位は座席車ナハフ21だが、ほどなく2等車はすべて寝台車となった。大草〜喜々津間は大村湾に沿った風光明媚な区間で冬はみかんが実り鉄道写真の名所だった。
◎長崎本線　大草〜喜々津　1964（昭和39）年3月　撮影：篠崎隆一

DD51牽引で大村湾に沿って長崎へ力走をする下り特急「さくら」。大草付近は「伊木力みかんの里」で冬は山がみかんで埋まる。大草を過ぎると20‰勾配を登り、松ノ頭峠のトンネルを抜けると下り勾配になり長崎市内へ向かう。1965（昭和40）年10月から「さくら」の長崎本線、佐世保線間はDD51牽引となった。
◎長崎本線　喜々津〜東園　1971（昭和46）年11月6日　撮影：河野 豊（RGG）

C60牽引で大村湾に沿って走る下り特急「さくら」。機関車次位の電源車はカニ21である。終点長崎を目前にした波静かな大村湾は絶景で、乗客は東京からの長旅の疲れを癒した。この区間は1972（昭和47）年10月の市布経由新線の開通でローカル列車だけの運行になったが風光明媚な車窓は変わらない。◎長崎本線　喜々津〜大草　1965（昭和40）年３月　撮影：牛島 完（RGG）

長崎の市街地を離れ、長与をすぎて勾配を上るC60牽引の上り特急「さくら」。機関車の次は2等座席車ナハフ21。「さくら」の基本編成は8両（電源車含む）である。1963（昭和38）年12月下旬から寝台特急は15両化（電源車含む）されたが、付属編成が1両増えて7両となった。◎長崎本線　長与〜本川内　1963（昭和38）年11月　撮影：村樫四郎

DDが牽引する下り特急「みずほ」。19
76（昭和51）年６月の長崎本線電化後も
「みずは」は機関車需給の関係で、鳥栖
〜長崎間をDD51が重連で牽引した。
◎長崎本線　肥前古賀〜現川
1977（昭和52）年７月
撮影：山田 亮

C61 12（鹿児島機関区）が牽引する上り20系特急「さくら」。鹿児島のC61が長崎本線に入った貴重な記録である。長崎を出発した上り列車は道ノ尾から20‰の勾配を上る。スイッチバックの本川内を過ぎ松の頭峠のトンネルを抜けると下り勾配になり大草から大村湾の絶景に沿って走る。
◎長崎本線　大草
1961（昭和36）年3月20日
撮影：宮地 元

C60 25（鳥栖機関区）が牽引する下り
特急「さくら」。博多で付属編成を切
り離し、基本編成8両（電源車含む）で
長崎市内を走る。現在この区間は高架
複線化されている。当時「さくら」の
博多〜長崎間は鳥栖機関区のC60が
牽引した。
◎長崎本線　浦上〜長崎
1964（昭和39）年3月
撮影：篠崎隆一

ED76牽引の下り特急「さくら」。1976（昭和51）年7月の長崎本線電化後は「さくら」はED76が門司〜長崎間を牽引した。喜々津〜浦上間は勾配緩和のため1972（昭和47）年10月に市布経由の新線が開通し、特急、急行および貨物列車は新線を経由した。沿線は開発が進んでおらずのどかなの風景だった。
◎長崎本線　肥前古賀〜現川
1977（昭和52）年7月
撮影：山田 亮

長崎市内を走るED76 13（大分運転所）が牽引する下り特急「さくら」。手前の線は長与経由の在来線（非電化）で「さくら」が走る市布経由の新線（電化）と平行している。◎長崎本線　道ノ尾〜浦上　1984（昭和59）年9月　撮影：山田 亮

下り「さくら」の14系寝台車。画面右側奥に浦上駅のホームが見える。長崎駅から浦上駅北側までの区間（工事区間2.5㎞）は連続立体化工事が行われ2020（令和2）年3月に完成し、長崎駅、浦上駅は高架化された。
◎長崎本線　道ノ尾〜浦上　1984（昭和59）年9月　撮影：山田 亮

ED76 34（大分運転所）牽引の下り特急「みずほ」。「さくら」と「みずほ」は長崎本線内を約30分間隔で走るいわばセクショントレインだった。この区間は現在は高架化されている。
◎長崎本線　道ノ尾〜浦上　1984（昭和59）年9月　撮影：山田 亮

「みずほ」の最後部に連結された座席車スハフ14。1984（昭和59）年には14系寝台車の2段寝台化改造のため、寝台車を減車し座席車を連結したが、座席利用できる区間（下りは小野田から、上りは博多まで）に限り乗車できた。
◎長崎本線　道ノ尾〜浦上　1984（昭和59）年9月　撮影：山田 亮

長崎機関区で待機するC60 25（鳥栖機関区）。左後方にC60とD51、右側に8620形が見える。1963（昭和38）年当時、長崎機関区にはD51と8620が配置されていたが貨物列車用で、長崎本線の旅客列車は鳥栖機関区のC60とC57が牽引した。長崎駅の西側にあった機関区などの車両基地は現在では高架化された長崎駅（新幹線と在来線）になっている。
◎長崎機関区
1963（昭和38）年3月8日
撮影：林 嶢

C60牽引で長崎を発車し東京へ向かう上り特急「さくら」。長崎発15時20分、東京着11時10分、19時間50分の長旅である。最後部は電源車カニ21でその前はナロネ22、1等座席車ナロ20、食堂車ナシ20の順。1964（昭和39）年10月から「さくら」は「はやぶさ」とともに2等座席車がなくなり2等はすべて寝台車になった。
◎長崎本線　長崎
1965（昭和40）年3月
撮影：牛島 完（RGG）

長崎駅２番線で発車を待つDD51 24
（鳥栖機関区）牽引上り特急「さくら」。
1965（昭和40）年10月改正時から「さ
くら」の鳥栖〜長崎間および肥前山口
〜佐世保間はDD51が牽引した。右側
はC57 155（早岐機関区）。早岐のC
57は大村線ローカル列車を牽いて長
崎まで乗り入れていた。背後のビルは
ニュー長崎ホテル。
◎長崎本線　長崎
1970（昭和45）年８月７日
撮影：荒川好夫（RGG）

長崎駅２番線を発車するDD51 729
（鳥栖機関区）牽引の上り特急「さく
ら」。長崎駅は１、２番線は改札口と直
接つながっていたが、３、４番線は跨
線橋を渡る必要があった。右側の３番
線にはキハ58系ディーゼル急行「出
島」が停車中。写真後方のビルはニュー
長崎ホテルで現在は建替えられホテル
ニュー長崎になっている。
◎長崎　1975（昭和50）年８月
撮影：山田 亮

長崎駅２番線で発車を待つDD51 729（鳥栖機関区）牽引の16時03分発上り特急「さくら」（左）と４番線のDD51 626（鳥栖機関区）牽引の15時47分発上り特急「みずほ」（右）。中央の３番線にはキハ58系の急行「出島」が停まっている。
◎長崎　1975（昭和50）年８月　撮影：山田 亮

【著者プロフィール】

## 山田 亮（やまだ あきら）

1953年生、慶応義塾大学法学部卒、慶応義塾大学鉄道研究会OB、鉄研三田会会員、
元地方公務員、鉄道研究家で特に鉄道と社会の関わりに関心を持つ。
1981年「日中鉄道友好訪中団」（竹島紀元団長）に参加し、北京および中国東北地区（旧満州）を訪問。
1982年、フランス、スイス、西ドイツ（当時）を「ユーレイルパス」で鉄道旅行。車窓から見た東西ドイツの国境に強い衝撃をうける。
2001年、三岐鉄道（三重県）70周年記念コンクール「ルポ（訪問記）部門」で最優秀賞を受賞。
現在、日本国内および海外の鉄道乗り歩きを行う一方で、「鉄道ピクトリアル」などの鉄道情報誌に鉄道史や列車運転史の研究成果を発表している。
（主な著書）
「相模鉄道、街と駅の一世紀」（2014、彩流社）
「上野発の夜行列車・名列車、駅と列車のものがたり」（2015、JTBパブリッシング）
「JR中央線・青梅線・五日市線各駅停車」（2016、洋泉社）
「南武線、鶴見線、青梅線、五日市線、1950〜1980年代の記録」（2017、アルファベーターブックス）
「常磐線、街と鉄道、名列車の歴史探訪」（2017、フォトパブリッシング）
「1960〜70年代、空から見た九州の街と鉄道駅」（2018、アルファベーターブックス）
「中央西線、1960年代〜90年代の思い出アルバム」（2019、アルファベーターブックス）
「横浜線」「内房線」「外房線」「総武、成田線、鹿島線」街と鉄道の歴史探訪
（2019〜2020、フォトパブリッシング）
「昭和平成を駆け抜けた長距離鈍行列車」「昭和平成を駆け抜けた想い出の客車急行」
（2020〜2021、フォトパブリッシング）

【写真撮影・提供】

太田正行、荻原二郎、荻原俊夫、篠崎隆一、髙井薫平、林嶢、宮地元、村樫四郎、諸河久、安田就視、山田亮
（RGG）荒川好夫、伊藤威信、牛島完、河野豊、白井朝子、森嶋孝司
名古屋レール・アーカイブ（NRA）※J.WALLY HIGGINS、神谷静治、服部重敬、藤井敏明

# 国鉄優等列車列伝
## 第1巻 寝台特急「さくら」「みずほ」

2021年10月29日　第1刷発行

著　者……………山田亮
発行人……………高山和彦
発行所……………株式会社フォト・パブリッシング
　　　　　　　　〒161-0032　東京都新宿区中落合2-12-26
　　　　　　　　TEL.03-6914-0121　FAX.03-5988-8958
発売元……………株式会社メディアパル（共同出版者・流通責任者）
　　　　　　　　〒162-8710　東京都新宿区東五軒町6-24
　　　　　　　　TEL.03-5261-1171　FAX.03-3235-4645
デザイン・DTP………柏倉栄治（装丁・本文とも）
印刷所……………株式会社シナノパブリッシングプレス

ISBN978-4-8021-3259-6 C0026